政法

中国与世界

本书出版得到“北京大学法治研究中心·丽达研究基金”的支持

代表制研究

赵晓力 著

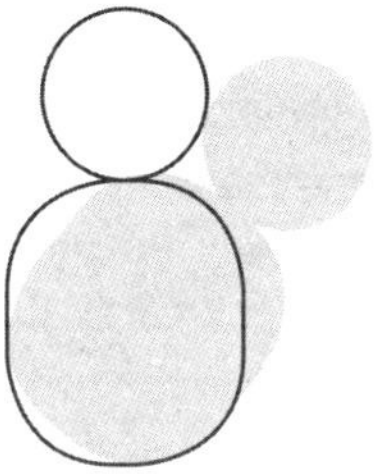

REPRESENTATION

当代世界出版社
THE CONTEMPORARY WORLD PRESS

图书在版编目(CIP)数据

代表制研究 / 赵晓力著. --北京：当代世界出版社，2019.3
ISBN 978-7-5090-1495-0

Ⅰ. ①代… Ⅱ. ①赵… Ⅲ. ①选举制度-研究 Ⅳ. D034.4

中国版本图书馆 CIP 数据核字(2019)第 052229 号

书　　名:代表制研究
出版发行:当代世界出版社
地　　址:北京市东城区地安门东大街 70-9 号
网　　址:http://www.worldpress.org.cn
编务电话:(010)83907528
发行电话:(010)83908410
经　　销:新华书店
印　　刷:北京中科印刷有限公司
开　　本:880 毫米×1230 毫米　1/32
印　　张:8.75
字　　数:150 千字
版　　次:2019 年 4 月第 1 版
印　　次:2019 年 12 月第 2 次
书　　号:ISBN 978-7-5090-1495-0
定　　价:58.00 元

总 序

自古以来，中国就以“修身齐家治国平天下”作为最高政治理想。中国人始终致力于建构一整套文明秩序来囊括和整合不同的地理空间和社会风俗，由此形成一套独特的政教体系。革故鼎新，生生不息，天下一家，万物一体。这一切始终构成着中国文明的精神，体现了中国人的核心价值观。由此，中国文明的生成演化过程体现出不断传播、不断吸收和不断上升的过程。用今天时髦的话来说，这个过程也就是不断推动走向全球化、一体化的过程。商周帝国的视野差不多囊括了整个东亚地区，从秦汉以来的丝绸之路到宋代以来南洋贸易圈的逐渐形成，直至明清朝贡贸易体系卷入全球贸易体系中，中国逐渐成为全球化的积极推动者、参与者和建设者。由是观之，辛亥革命以来中国不断探索国家治理体系和治理能力的现代化，到今天“一带一路”倡议和积极参与全球治理，都是中国文明在推动全球化的历史进程中不断自我更新、自我发展、自我提升的内在环节。

在这样的历史时空中，我们不可避免地要面对过去五百年来中国文明秩序和西方文明秩序相互接触、沟通、学习、冲突、征服和更新的历史。就政治而言，这可以看作是西方威斯特伐利亚体系和中国天下体系之间的冲突，这无疑是两种文明秩序之间的冲突。从目前流行的西方中心主义的历史叙述来看，这一冲突过程被描述为西方文明的普适主义不断扩张，将中国天下体系及其背后的文明秩序降格为一种作为文化传统的“地方性知识”，将中国从一个文明秩序改造为威斯特伐利亚体系所要求的民族国家，从而纳入到西方文明秩序中，以完成普适主义进程的历史终结。这个过程也是一些人所说的现代化过程，即中国人必须抛弃中国古典天下秩序的文明构想，系统接受西方文明秩序中形成的资本主义经济秩序和民族国家体系的政治秩序，以及由此形成的市场经济、自由人权、民主法治等普适价值，并按照这些普适价值来系统地改造中国。

从这个角度看问题，全球化的历史很容易被理解为西方文明的扩张史。对中国而言，这样的现代化无不打上西方化的烙印，从器物技术、法律制度到政教体系莫不如此。因此，法律移植、法律现代化很容易在“冲击—回应”的框架下沦为西方中心主义的意识形态教条。而与此同时，基于法律地方性想象的“本土资源”论说，也不过是在相反的方向上与西方中心主义的法律全球化叙述构成合谋，以至于法学界虽然一直为“刀制”（“法制”）与“水治”（“法治”）的区分争论不休，但二者似乎分享了对法律的规则化、技术化和中立化的普遍理解。法律主义（legalism）的技术化思路正随着法律共同体的成长在思想意识形态领域日益获得其普遍的正当性，并逐渐渗透到政治和文化思想领域，从而侵蚀着政治和文化思想领域的独立性和自主性。以至于中国文明除了放弃自身的历史传统和价值追求，按照所谓西方普适价值的要求与西方“接轨”之外，不可能有任何正当的前途。

这种西方中心主义背景下的“普适价值论”和“接轨论”不仅造成了对中国文明传统的漠视，而且包含了对西方文明传统的简单化误解。为此，我们必须区分作为过去五百多年真实历史中的“全球化进程”与冷战结束后作为意识形态宣传的“全球化理念”。如果用西方政治哲学中的基调来概括，前者乃是主人的世界，即全球不同文明秩序相互碰撞、相互搏斗、相互征服、相互学习、相互形塑的过程，这构成了全球历史活生生的、动态的政治进程，而后者则是末人的世界，即试图以技术化、中立化因而普遍化的面目出现，试图将西方文明要求变成一项普遍主义的正当性要求，以历史终结的态度拒绝回应当下的历史进程，拒绝思考人类文明未来发展的任何可能性。

由此，全球化在今天展现出前所未有的内在矛盾：一方面全球化正以生机勃勃的历史面貌展现出来，特别是全球秩序因为技术革命、阶级冲突、政治冲突以及文明冲突释放出新的活力，激活了每个文明来构思全球秩序的活力；而另一方面，西方启蒙运动以来形成的普适主义叙事已变成历史终结论的教条，窒息着对全球化进程和人类文明未来的思考。由此，西方启蒙思想正在滋生一种新的迷信，也就是对西方文明秩序中普遍主义叙述的迷信。这不仅无法面对全球化带来的挑战，而且丧失了探索重构全球文明秩序、追求更好生活方式的动力，以至于我们似乎进入了一个追求表面浮华但内心空空荡荡的时代，一个看似自由独立却身陷全球资本主义秩序不能自已、无力自拔的时代。

“启蒙就是从迷信中解放出来。”启蒙运动曾经勇敢地把欧洲人从中世纪基督教神学构想的普适价值和普遍秩序的迷信中解放出来，从而塑造了西方现代文明。而今天能否从西方中心主义的迷信中解放出来，从法律主义的迷信中解放出来，从对法律的技术化理解中解放出来，则意味着我们在全球化陷入经济危机、债务危机、福利社会危机和政治危机的时刻，在西方文明塑造的世界体系因文明冲突和地缘冲突趋于崩塌之际，在西方文明不断引发虚无主义阵痛的时刻，能否重新思考人类文明的未来，重建天下文明秩序。

政教秩序乃是文明秩序的核心。在现代西方文明秩序中，法律乃是建构政教秩序的重要工具。法律不仅建构了国家秩序，而且建构了社会生活秩序，由此产生与之相匹配的价值体系。然而，在现代法律高度发达所推动专业化和技术化的过程中，滋生出一种“法律主义”倾向，其以为通过法律主义的技术化思路可以解决一切社会问题，甚至试图用法律来解决政治问题和文化价值问题。由此，不少法律学人开始弃“政法”而张“法政”，陷入法律规则不断自我繁殖、法律人不断膨胀扩张、制度沦为空转的“恶循环”之中。这恰恰是西方现代文明试图通过技术化手段来推动西方文明普适主义扩张的产物。

“法令滋章，盗贼多有。”试图用法律技术来解决社会问题等于砍“九头蛇”的脑袋。中西古典文明的伟大哲人很早就对“法律主义”提出了警告。我们对法律的理解需要反思技术化的“法律主义”，反思西方普适主义的法治理念，反思西方文明秩序中理解普适主义的路径。这意味着我们不是把法律从政教秩序中抽离出来进行简单的技术化思考，而应当恢复法律的本来面目，将其作为构建社会关系和安排政治秩序的有机纽带，而重新安置在政教秩序和全球文明秩序中。法律需要扎根于政治社会文化生活中，扎根于心灵秩序中，成为政教秩序的一部分，成为人们生活方式的一部分。这意味着我们需要重新思考中国古老的礼法传统和现代的政法传统，中国文明如此，西方文明亦如此。无论礼法还是政法，这些概念可能是来自中国的，而其意义恰恰是普适的。柏拉图和亚里士多德无疑是西方礼法传统的典范，而现代政法传统原本就是西方启蒙思想家开创的。

“法是由事物的性质产生出来的必然关系。”以政法的眼光来思考法律问题，恰恰是恢复到“法”的本来意涵。“天命之谓性，率性之谓道，修道之谓教。”“命—性—道—教”的广大世界必然有其内在的“法”，而法律不过是对其内在法则的记载，只有重返这个广大世界中，才能真正找回它本源的活力。这不仅是政法学人的治学路径，也是思考中国文明秩序和重构全球文明秩序的必经之途。唯有对西方政法传统有深刻的理解，才能对中国文明秩序的正当性有更深切的体会，而唯有对中国礼法传统有真正的理解，才能对当代西方文明秩序陷入困境有更真切的感悟。一个成熟的文明秩序就在于能够在“命—性—道—教”的世界中将一套完整普遍的最高理想落实到具体的政教制度、器物技术、日常伦理和生活实践之中。

然而，在全球化的历史进程中，当代中国文明由于受到西方文明的冲击，不仅在价值理想上存在着内在的紧张和冲突，而且在制度、器物、风俗、生活层面都呈现出拼盘特征，虽然丰富多彩但缺乏有机整合。我们不断引进西方各国的“先进制度”，但由于相互不配套，以及与中国社会的张力，其日常运作充满了矛盾、摩擦和不协调，因为每一种技术、制度原本就镶嵌在不同的政教体系和文明秩序中。如果说，近代以来我们在不断“拿来”西方政教法律制度，那么在今后相当长的时间里，我们则面临着如何系统地“消化”这些制度，合理组装，逐渐把这些西方文明中的有益要素吸收在中国文明的有机体中，生长出新的文明秩序。这就意味着我们必须直面全球化，重新以中国文明的天下视角来思考全球秩序，将西方文明所提供的普遍主义吸纳到中国文明对全球秩序的思考和建构中。

全球秩序正处于动荡中。从过往西方中心主义的视角看，全球秩序发展距离“历史终结”似乎只有一步之遥，目前已进入了“最后的斗争”。然而，从中国文明的漫长发展的历史进程看，过去一百多年来的动荡不安不过是中国文明在全球化进程中自我更新的一段插曲。“风物长宜放眼量”，对当下西方文明的认识无疑要放在整个西方文明的漫长历史中，而对中国文明未来的理解则更需要放在整个人类文明的历史中来理解。“旧邦新命”的展开，无疑需要中国的政法学人持续推进并贯通古今中西的工作。我们编辑出版《政法：中国与世界》文丛，无疑希望在此伟业中尽微薄之力：鼓励原创思考、精译域外学术、整理政法“国故”、建构研讨平台，将学人的思想火花凝聚成可代代传递的文明火把。

是为序。

丛书编委会

目 录

导 言

代表与同一性

代表制是“不在场”的政制。代表制产生的前提，是人的自然身份和他的政治身份的分离。在古代西方，无论是在古希腊罗马的政治实践中，还是在柏拉图、亚里士多德、西塞罗的政治思想中，都找不到代表和代表制的影子；那时候的认识是人在自然本性上是趋向于城邦生活的“政治动物”〔1〕，成为公民是人的目的；在古希腊的公民大会上，公民是“在场”的。

皮特金是当代系统梳理代表制概念的第一人。〔2〕据她的考证，representation 这个词开始具备政治“代表”含义的时间相当晚。这个词来源于拉丁语 repraesentare，原始含义是“使某个东西再现或

---

〔1〕［古希腊］亚里士多德：《政治学》，I. 2. 1253a2－3，吴寿彭译，商务印书馆 1995 年版，第 7 页。

〔2〕 Hanna Fenichel Pitkin，*The Concept of Representation*，Berkeley：University of California Press，1967. 中译本：［美］皮特金：《代表的概念》，唐海华译，吉林出版集团有限责任公司 2014 年版。

在场”的意思，比如可以说某一德性“再现”于一张头像上；直到13、14世纪，在基督教文献中，出现了教皇和主教是基督和使徒的位格的“再现”这种说法；13世纪中叶，一位既熟悉罗马法又熟悉教会法的作家会说官员是国家形象的“再现”。在法语中，到13世纪，可以说一位管家使他的主人的人格“在场”“再现”，这等于说管家代表他的主人。[1]

这一转变在英语中发生得更晚，一直到16世纪晚期。在《英格兰共和国》一书中，托马斯·斯密斯爵士说：“英格兰议会代表着（represented）整个英格兰，拥有其全部领域的权力，包括头脑和躯体。因为每个英格兰人，或者是亲自，或者是委托他人，都在议会中在场（present）了……因此议会的同意就被看作是每个人的同意”[2]。

代表制在欧洲中世纪的渊源有二，一是基督教的大公会议主义，二是世俗国家的封建议会。[3] 到

---

〔1〕 Terence Ball , James Farr, Russell L. Hanson, ed. , *Political Innovation and Conceptual Change*, New York: Cambridge University Press, 1989, pp. 133-139. ［美］皮特金：《代表》，载鲍尔等编：《政治创新与概念变革》，朱进东译，译林出版社2013年版，第140-143页。

〔2〕 Sir Thomas Smith, *De Republica Anglorum*, Edited by Mary Dewar, Cambridge University Press, 1982, p. 79.

〔3〕 ［美］曼斯菲尔德：《近代代议制和中世纪代表制》，载刘小枫选编：《施米特与政治法学》，刘锋等译，上海三联书店2002年版，第329-364页。此文最初发表于1968年。Havey C. Mansfiled, “Modern and Medieval Representation”, in J. R. Pennock and J. Chapman eds. , *Representation*, Transaction Publishers, 1968, pp. 55-82.

19世纪，强调前一个渊源[1]的人越来越少，更多的人强调后一个渊源，并将英国议会作为欧洲代表制政府的典型。[2] 中国于19世纪引入政治代表制的观念的时候，也将代表制和议会等量齐观，从而产生了“代议制”这个独特的译法。

17世纪的英国革命标志着近代代表制与中世纪代表制的断裂。用曼斯菲尔德的话说，两者的“真正的区别却在于对被代表的人民的不同理解。近代的争论假定人民是一个整体，必须**通过**（through）政府来代表他们；中世纪的争论则假定人民是一个部分，必须有人**在**政府**面前**（before）代表他们”。[3] 中世纪议会就是国王面前的等级代表机构，上院代表贵族，下院代表“人民”，本质上都是咨议性的。1649年，英国议会先是砍掉了一个国王（查理一世）的头，短暂地成为共和国，“光荣革命”后又逐步把国王也纳入议会，形成了所谓的“王在议会”

[1] Otto Gierke, *Political Theories of the Middle Age*, Trans. by Frederic William Maitland, Cambridge: The University Press, 1900, pp. 61-67. 此书原德文版出版于1881年。参见［英］伯恩斯主编：《剑桥中世纪政治思想史：350年至1450年》，程志敏等译，生活·读书·新知三联书店2009年版，第709-792页。

[2] ［法］基佐：《欧洲代议制政府的历史起源》，张清津、袁淑娟译，复旦大学出版社2008年版。此书最初出版于1851年。

[3] ［美］曼斯菲尔德：《近代代议制和中世纪代表制》，载刘小枫选编：《施米特与政治法学》，刘锋等译，上海三联书店2002年版，第361页。

和“议会主权”。[1] 这时的议会，就被认为是整体人民的代表了，其中国王连同王室成为“激发和保留人们的崇敬之心”的“富于尊严的部分”。[2] 此后的美国革命、法国革命等都在各个国家创造出了“整体意义上的人民”，整体意义上的人民要求“不可分割的主权”，政府整体都是代表性的了。

在理论上思考这一问题的是霍布斯。1651年，查理一世被砍头后不久，霍布斯在伦敦出版了《利维坦》一书。此书放弃了他以前在《法的原理》和《论公民》里所设想的“民主建国论”，通过人格、授权和代表概念，完成了将自然状态中的“人”一步塑造为一个整体的“人造人”——国家的理论努力。霍布斯在《利维坦》第17章中对这一理论的经典表述是：“我授权并放弃统治我自己的权利，给这个人或这个集体，条件是，你以同样的方式放弃你的权利给他，并授权他所有的行为。”[3] 这个人或这个集体，就是主权的承担者和代表。承担主权的如果是一个人，这国就是君主国，如果是一群人，

---

〔1〕［英］戴雪：《英宪精义》，雷宾南译，中国法制出版社2001年版，第116页。原书出版于1881年。

〔2〕［英］白芝浩：《英国宪法》，夏彦才译，商务印书馆2005年版，第56页。

〔3〕［英］霍布斯：《利维坦》，黎思复、黎廷弼译，商务印书馆1985年版，第131-132页，引文有改动。

就是贵族国，如果是所有人，就是民主国。[1] 但即使在民主国中，授权者（人）和代表者（公民）也是分离的，这是一种不在场的政制。本书第一章至第三章探讨了霍布斯这一思考的理论逻辑。

在霍布斯之后，卢梭试图在政治哲学中重新建立人和公民的同一性。他反对霍布斯的“代表建国论”：“一旦公共服务不再成为公民的主要事情，并且公民宁愿掏自己的钱口袋而不愿本人亲身来服务的时候，国家就已经是濒临毁灭了。需要出征作战吗？他们可以出钱雇兵，而自己呆在家里。需要去参加议会吗？他们可以推举议员，而自己呆在家里。由于懒惰与金钱的缘故，他们便终于有了可以奴役自己祖国的军人和可以出卖自己祖国的代表。”[2] 卢梭重新以“在场”的方式思考“民主建国”的可能性：“我们每个人都以其自身及其全部的力量共同置于公意的最高指导之下，并且我们在共同体中接

---

〔1〕 君主国或贵族国可以直接通过授权代表来建立，完全没有必要先建立民主国，再由民主会议转让主权来建立君主国或贵族国了。“在《利维坦》中，即使在按约建立的主权中，霍布斯也放弃了民主建国的概念。理由非常简单，随着《利维坦》第十六章引入的新的授权概念（先前的著作里没有这个概念），即便是按约建立的主权，也可以立即产生君主制（或贵族制），不再需要一个民主主权的过渡期以建立君主制。” Paul Sagar, “Of Mushrooms and Method: History and the Family in Hobbes's Science of Politics”, *European Journal of Political Theory*, May 12, 2014.

〔2〕 ［法］卢梭：《社会契约论》，何兆武译，商务印书馆 1980 年版，第 123–124 页。

纳每一个成员作为全体之不可分割的一部分。"[1]这样，只有民主国才是唯一合法的主权形式（国体），代表制只能作为可能的政府形式保留在政体领域。[2]

然而，正如施米特所言："在政治生活的现实中，没有哪个国家能够放弃同一性原则的全部结构要素，也没有哪个国家能够放弃代表的全部结构要素。即使人们试图无条件地实现绝对的同一性，代表的要素和方法也是无法回避的，反过来也一样，离开了同一性观念，任何代表也是不可能的。这两种可能性，同一性和代表，并不互相排斥，它们只是政治统一体的具体构成过程中的两个相反的参照点。在每个国家中，要么这种可能性占上风，要么那种可能性占上风，但两者都为一国人民的政治存在所必需。"[3]

在这个意义上来说，美国作为现代自然权利理论产生后诞生的一个新造之国（第四章），其国体和政体中更多地渗透了"代表"这一原则，参与制宪的"国父们"心中充满了对民主的恐惧（第五章至第

---

〔1〕［法］卢梭：《社会契约论》，何兆武译，商务印书馆 1980 年版，第 24-25 页。

〔2〕 Robin Douglass, "Rousseau's Critique of Representative Sovereignty: Principled or Pragmatic?", *American Journal of Political Science* 57, no. 3 (July 1, 2013): 735-747.

〔3〕［德］施米特：《宪法学说》，刘锋译，上海人民出版社 2005 年版，第 219-220 页。

七章）。但正如1831–1832年去美国考察民主的法国贵族托克维尔所观察到的，“民主即将在全世界范围内不可避免地和普遍地到来”。[1] 在美国，民主和代表制这一“不自在的联合”，[2] 体现在其政治生活的方方面面，甚至在其言论自由案件的判例和理论阐述中也不难发现（第八章至第九章）。

---

〔1〕［法］托克维尔：《论美国的民主》，上卷，董果良译，商务印书馆2009年版，第1页。

〔2〕 Hanna Fenichel Pitkin，“Representation and Democracy：Uneasy Alliance”，*Scandinavian Political Studies* 27，no. 3（2004）：335–342. 中译本见王绍光编：《选主批判：对当代西方民主的反思》，欧树军译，北京大学出版社2014年版，第78–86页。

上编　代表与主权的构建

第一章

国家的画像：霍布斯《利维坦》题图的意图

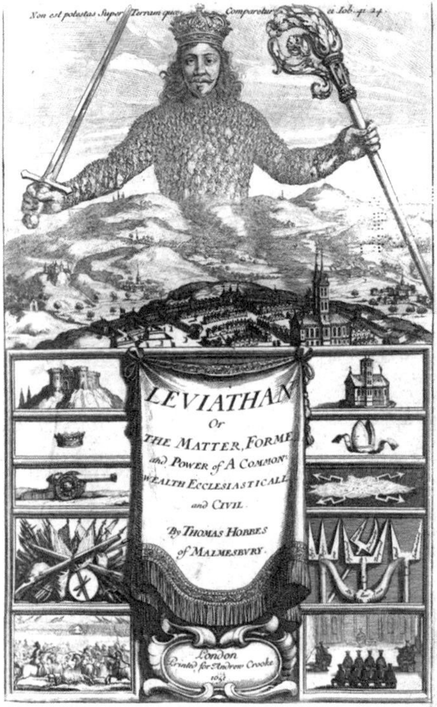

图 1 《利维坦》（1651）印刷版题图

一、战争与和平

首先映入我们眼帘的是那张中年男子的脸。他头戴王冠，右手持剑，左手抓着一根牧杖，他身体的细节我们还来不及看。这是《利维坦》题图的上半部分。

题图的下半部分分为三栏。中间一栏是书名——《利维坦：或教会国家和世俗国家的质料、形式和权力》以及作者名、出版地、出版商和出版时间；左右两栏各有几幅小图，左栏从上到下分别是城堡、王冠、大炮等，右栏与之对应的则是教堂、教会法冠、霹雳等，对应关系很明显：城堡对应教堂，王冠对应法冠，大炮对应霹雳（代表开除教籍）。[1]

掌握了这种对应关系就会解读出，左栏第四幅图中的枪支、旗帜、长矛、剑、战鼓和上面的大炮一样，都是世俗武器；右栏第四幅图中的三叉戟、

〔1〕［德］施米特：《霍布斯国家学说中的利维坦》，应星、朱雁冰译，华东师范大学出版社 2008 年版，第 53-54 页。［英］斯金纳：《霍布斯与共和主义自由》，管可秾译，上海三联书店 2011 年版，第 176-178 页。小图的寓意取自施米特和斯金纳的解读。不过与施米特和斯金纳不同，我试图把这些小图看成“连环画”，看它们连起来讲了一个什么故事；另外，我希望看出题图下半部分和上半部分之间的关系。

双叉戟也是武器，但其威力来自其上所写的经院术语，[1] 和“霹雳”一样，属于教会的精神武器。

左栏第五幅图画的是世俗战争的场面，近景是骑兵战，对战双方的枪口同时喷出火焰，已有一人一马倒地；远景是步兵战，挥舞长矛的双方刚刚交接。右栏第五幅图则是一个辩论场景，两队共四个辩手，一方的辩手正在发言，一方的辩手正在翻书，九位听众背对我们，远处一位似乎是裁决者。这十四人都戴着天主教的四角法帽，可见是教士。——既然世俗战争场面中出现的是世俗武器，那么，正在辩论的教士们使用的也应该是那些三叉戟、双叉戟上出现的经院术语。

连起来看，这左右两栏分别讲的是两场“战争”的起源，左边是真正的、直接的、现世的战争，右边是意图中的、间接的、精神的战争；俗界使用的是火枪长矛，教界使用的是经院术语，“战争”都刚刚开始，争夺的分别是世俗的王冠和教会的法冠。最厉害的武器大炮和开除教籍，都还没有动用，但俗界大炮的炮口所向，正是教会的终极武器“开除

---

〔1〕 这些术语分别是“Syl/logis/me”、“dı/lem/ma”（拉丁文）和“Real/Intentional”、“Directe/Indirecte”、“Spiritual/Temporal”（英文）。

教籍",[1] 可见最大的战争还不是俗界与教界内部的战争，而是俗界和教界、国王和教主之间的战争。

左栏第一幅小图中的“城堡”和右栏第一幅小图中的“教堂”，起到了连接题图上下两半的作用。在题图的上半部分，教堂和城堡都出现了。

上图城中有一座双顶、两个十字架的大教堂，城外有两座小教堂。城外有城堡一座。再仔细看，这城镇本身就是一座城墙环绕的大城堡。城中有扛枪、朝一个方向行进的士兵在列队巡逻;[2] 城中教堂北侧[3]有两个戴着鸟嘴面具的教士,[4] 鸟嘴朝向同一个方向（和士兵行进方向相同），另外，带着鸟嘴也不能辩论。这些并不是战争正在进行的迹象，而是战争已经停歇的迹象。

---

〔1〕 斯金纳说大炮的炮口所向，是中栏“教会国家和世俗国家”这几个字，这无法解释右边的霹雳针对的是什么。[英] 斯金纳:《霍布斯与共和主义自由》，管可秾译，上海三联书店 2011 年版，第 176 页。

〔2〕 有人根据扛枪的士兵等迹象判断这是战争状态，其理由并不充分，因为士兵的枪扛在肩上，并没有像下面小图中那样在开火。Kristiansson, Magnus, and Johan Tralau, "Hobbes's Hidden Monster: A New Interpretation of the Frontispiece of Leviathan", *European Journal of Political Theory* 13, no. 3 (2014): 299-320.

〔3〕 从图中建筑物和人的影子可以判断东南西北。“利维坦”是从陆地西边的大海中探出身来。

〔4〕 也有说是处理瘟疫的医生，Kristiansson, Magnus, and Johan Tralau, "Hobbes's Hidden Monster: A New Interpretation of the Frontispiece of Leviathan", *European Journal of Political Theory* 13, no. 3 (2014): 299-320。但是从题图下半部分是上半部分的“索引”这个解释原则出发，将出现在教堂附近的人看成教士比较妥当。

图 2　扛枪巡逻的士兵

图 3　戴着鸟嘴面具的教士

战争停歇的原因自然是——“利维坦”已经君临。他头顶上方是《圣经·约伯记》中的一句话：“在地上没有谁被造得像他一样无所畏惧。”他持剑的右臂已伸展到山峦的上空，只要宝剑调转剑锋，完全可以砍到城堡内的那些士兵；牧杖比宝剑更长，牧杖下端伸出画外，可以想象已经杵到地上。牧杖的头压在城中教堂的两个尖顶及十字架之上，意味着持牧杖者才是最高精神领袖。

海中“利维坦”掌握着最为强大的世俗和精神权力，陆上俗界和教界的战争已经停止，和平在陆地和海洋、城镇和乡村、俗界与教界全面降临。

整个题图的近景刻画的是战争及战争的原因，中景是和平，而远景是和平的原因，呈现层层递进的关系。

二、面具与人格

以上解读还没有触及我们的主人公——那位首先映入我们眼帘的中年男子。他是谁？

据说，1651 年在伦敦出版的《利维坦》题图呈现的是即将执掌大权的克伦威尔的脸，而在巴黎献给查理二世的手稿版《利维坦》中画的是查理二世的脸。[1] 霍布斯是否有如此心机？

要回答这一问题，要从霍布斯 1642 年《论公民》的题图说起。《论公民》题图与《利维坦》题

〔1〕 Brown, Keith, "Thomas Hobbes and the Title-Page of Leviathan", *Philosophy* 55, no. 213 (1980): 410-11.

图对应的是题图的下部，[1] 其中左边基座上镌刻的是“统治”（IMPERIVM）字样，右边基座上镌刻的是“自由”（LIBERTAS）字样。站在“自由”基座上那个身着草裙、一手持弓、一手持矛的野蛮人，他的装束和武器，和远处那些互相打斗的同类一样——四个进攻者手持弓箭和棍棒，正在袭击另外两人；更远处则是一个人吃人的场面，显示这些战斗的目的。而左边站在“统治”基座上的那个女子，头戴

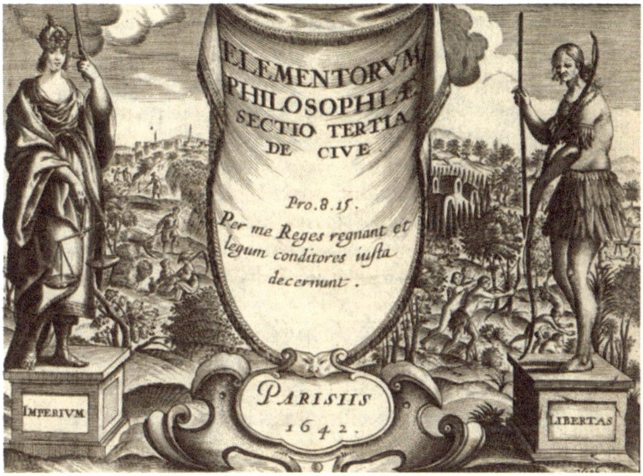

图 4　《论公民》（1642）题图下部

---

〔1〕《论公民》题图的上部刻画的是最后审判的场景。整个题图下右、下左和上部对应的是全书的三个部分：自由、统治、宗教。［英］斯金纳：《霍布斯与共和主义自由》，管可秾译，上海三联书店 2011 年版，第 93 页。

王冠，身着罗马袍服的，一手持剑，一手提天平，明显和她身后那些手持农具、正在劳作、休息或回家的人们不同。

自由带来战争，而统治带来和平。但站在“统治”基座上的女子和站在“自由”基座上的野蛮人并不完全一样，她还是国家的人格化或图像化。摆脱自然状态“形成的联盟被称作是‘国家’或‘公民社会’。它也被称为‘法人’（civil person）［persona civilis］，因为他们所有人共有一个意志，而它被看作是有自己权利和财产［res sili proprias］的一个人格——这有别于所有特定的人某个具体的名字”。[1]这个女子的王冠和袍服代表国家，她手中的短剑和天平代表国家的力量。

但是，《利维坦》比《论公民》的人格化更进一步。《论公民》中只有国家有人格，而订约者在订约之前和之后都没有人格化。臣民服从主权者的方式是退让，即放弃行使反抗权。表现在《论公民》题图中就是，自然状态中人人都持有武器，而公民状态中只有“国家”持有武器（以“短剑”表示），也只有国家有裁判权（以“天平”表示）。这在君主国比较好理解，我们可以把《论公民》题图中的罗马女子看作一个女王，她拥有“自然的”和

---

〔1〕［英］霍布斯：《论公民》5.9，应星、冯克利译，贵州人民出版社2003年版，第57-58页。

“政治的”两个“身体”。[1] 但霍布斯的公民状态还包括民主国和贵族国。假若民主国由 A、B、C 三人组成，这三人怎么服从由他们三人组成的会议呢？三人组成的会议拥有人格，行使主权要借助三人原有的全部力量，可他们三人作为臣民，面对主权只能退让，一个人怎么扮演两个角色，既行使权力，又不行使权力（退让）呢？

《利维坦》则通过所有人的人格化解决了这个困难。[2] 任何人都可以扮演多个角色，既可以以自己的名义说话办事，也可以以别人的名义说话办事。以自己名义说话办事的，称为自然人格（natural person），代表他人说话办事的，称为人造人格（artificial person）。人的自然权利，可以自己行使，也可以授权代表行使。这样一来，民主国 A、B、C 三人组成的会议拥有独立的人造人格，这是公共的，而 A、B、C 三人各自拥有其自然人格，这是私人的。三人服从三人会议的时候，就是以其私人人格服从公共人格。在君主国也是如此，只不过这时是君主承担着 A、B、C 三人共同授权形成的公共人格。服从君

---

〔1〕 国王的“两个身体”是欧洲中世纪就已经流行的理论。[美] 恩斯特·康托洛维茨：《国王的两个身体》，徐震宇译，华东师范大学出版社 2018 年版。

〔2〕 该书第 16 章《人格、授权者和人格化的事物》（*Persons, Authors, and Things Personated*）是新加的，在《论公民》里没有对应的内容。

主，是服从君主的公共人格，而非君主的私人人格。

霍布斯从词源的角度说："人格（person）这个字原来是拉丁文。希腊文作面貌（face）讲，正像人格在拉丁文中指人在舞台上装扮成的某人的装扮（disguise）或外表（outward appearance）一样，有时则更加具体地专指装扮脸部的面具（mask）或面甲（visard）。"[1]

"装扮""外表""面具""面甲"，这些都是人格化的标志。《利维坦》题图中，组成"利维坦"身体和臂膀的那三百多人，最突出的共同特征是都戴着帽子，穿着袍服。帽子和袍服就是"装扮（disguise）或外表（outward appearance）"，那张看着我们的大脸，最好也理解为面具（mask）或面甲（visard），面具的后面，可以是一个人，也可以是一个会议。说这张脸是克伦威尔的脸意义不大，因为那不过是以克伦威尔为模特的一副面具。

三、转让与授权

普遍的人格化，使得《利维坦》的建国契约可

[1] [英] 霍布斯：《利维坦》16.3，黎思复、黎廷弼译，商务印书馆 1985 年版，第 122－123 页。译文根据英文版稍有改动。Thomas Hobbes, *Leviathan: With Selected Variants from the Latin Edition of 1668*, Edited by Edwin Curley, Vol. 8348, Hackett Publishing, 1994.

以建立在一个新的理论上。《论公民》中的建国契约基于“转让”,[1] 而《利维坦》中的建国契约则基于“授权”。[2]

“转让”在《论公民》题图中是这样体现的：自然状态中的所有野蛮人，包括站在基座上那个，都手持武器；而在公民状态下，剑与天平已经到了那位戴王冠、穿罗马袍服的女子手中；劳作和休息的人们，手里只有农具——当然农具也可以砍人，只是在剑的威慑下，农具的对象只能是物而不能是人；他们运用自己的力量自我保存的最大权利已经“转让”到了主权者手中。而在《利维坦》题图中，组成巨人身体和臂膀的所有小人都是两手空空，这意味着那三百多人自己统治自己的权利已然“放弃”；“利维坦”手持宝剑和牧杖，意味着这三百多人统治自己的权力已然“授权”给主权者，主权者则成为所有人的“代表”。

我们还可以进一步辨认出，《利维坦》题图实际上描绘了两种国家的建立过程：“一种方式是通过

[1] [英] 霍布斯：《论公民》6. 20，应星、冯克科译，贵州人民出版社 2003 年版，第 72 页。

[2] [英] 霍布斯：《利维坦》17. 13，第 131-132 页。“转让”与“授权并放弃”的区别，见陈涛：《主权者：从主人到代表者——霍布斯的主权理论的发展》，载《北大法律评论》2013 年第 2 期，第 308-343 页。杨光：《论霍布斯的建国契约：基于“转让”与“授权”的区分》，载《政治与法律评论》，法律出版社 2017 年第 8 期，第 1-16 页。

自然之力获得的，例如一个人使其子女服从他的统治就是这样，因为他们要是拒绝的话，他就可以予以处死；这一方式下还有一种情形是通过战争使敌人服从他的意志，并以此为条件赦免他们的生命。另一种方式则是人们相互达成协议，自愿地服从一个人或一个集体，相信他可以保护自己来抵抗所有其他的人。后者可以称为政治的国家，或按约建立的国家；前者则称为以力取得的国家。”〔1〕

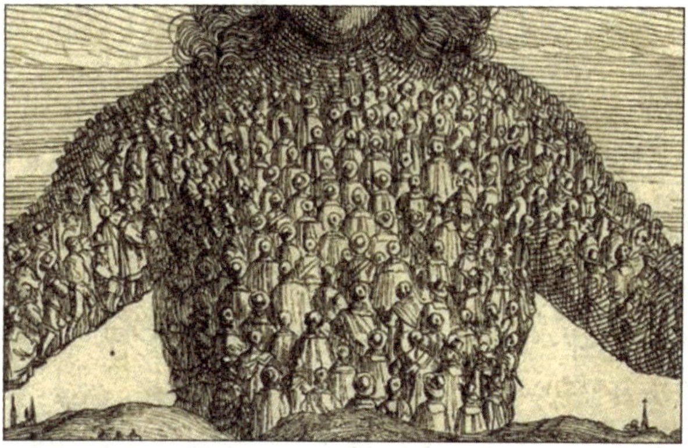

图 5　两个抱着婴儿的妇女

海面上出现的“利维坦”本身是一个基于“授权”“按约建立”的国家，组成利维坦身体的那些人，“选择主权者是由于互相畏惧而不是由于畏惧他

〔1〕［英］霍布斯：《利维坦》17.15，第 132 页。引文稍有改动。

们按约建立的主权者”。[1] 仔细辨认，组成“利维坦”身体的三百多小人中，有两个抱着婴儿的妇女；母子关系，在霍布斯看来也是一种以力取得的“国家”形态：“婴儿最初是在母亲的权力掌握之下的，母亲可以养育他，也可以抛弃它。如果她养育的话，婴儿的生命便得自于母亲，因之就有义务服从母亲而不服从任何其他人，于是对婴儿的管辖权就归母亲所有了。”[2] 随着母亲授权于主权者，婴儿也通过母亲对他的虚拟代表，[3] 服从于主权者。

另外一种以力取得，则是通过征服。从前文中我们已经知道，出现在海面之上的、按约建立的“利维坦”已经征服了陆地上的国家。城镇与乡村中扛枪的士兵，教堂边戴着鸟嘴面具的教士，都是被征服者。这就是《利维坦》提到的一个民族征服另一个民族的情况：“罗马民族以往曾经派一个主席统治犹太民族地区，但犹太并不因此就是一个民主国家，……他们实际上是由一个人统治的。对罗马人民来说这是一个全民议会或民主政体，但对完全无权加入政府的犹太人民说来，这人却是一个君王。……这不是一人统治他人的君主政体，而是一个民

---

〔1〕［英］霍布斯：《利维坦》20.2，第153页。

〔2〕［英］霍布斯：《利维坦》20.5，第155页。

〔3〕“不同运用理性的儿童、白痴和癫狂者可以由监护人或管理人加以代表。”［英］霍布斯：《利维坦》16.10，第124页。

族统治另一个民族的君主政体。”[1] 在这种征服建立的国家中，公民因为恐惧而服从主权者，但公民与公民之间的战争隐患却没有消除。《论公民》题图画的就是这种征服国家，罗马女子手中的短剑与天平稍有松懈，农民手中的镰刀还有可能变成武器互斫；而在《利维坦》题图中，“利维坦”手中的剑与牧杖稍有松懈，陆地上的士兵、教士之间的战争还可能再起。[2]

四、表象与代表

最后，我们看一下《利维坦》题图的两个版本。一个是 1651 年的印刷版版本，一个是霍布斯献给查理二世的手稿版中的铅笔画版本。[3]

印刷版与手稿版最大的不同，是手稿版中的组成利维坦身体和臂膀的五十个左右的头颅，被三百个左右的小人替代了。手稿版中那五十个左右的头

---

〔1〕［英］霍布斯：《利维坦》19.14，第 148-149 页。

〔2〕施米特认为，斯宾诺莎后来进一步在“思想自由”“精神自由”中为解构“利维坦”打开了一个缺口。这意味着，对已经垄断了无限暴力的现代国家，“牧杖”比“剑”是更为重要的维护主权的手段。［德］施米特：《霍布斯国家学说中的利维坦》，应星、朱雁冰译，华东师范大学出版社 2008 年版，第 93-95 页。

〔3〕Brown, Keith, “The Artist of The ‘Leviathan’ Title-Page”, *Current Anthropology* 37, no. 5 (1996): 24-36.

颅，视线有朝外、朝上、朝左、朝右，但没有一个朝向大头的；而印刷版中三百多个小人的视线，则齐刷刷地射向利维坦的大头。

图6 《利维坦》手稿版题图

《利维坦》题图从手稿版到印刷版，可以视为从“相似”（resemblance）原则向“表象”（representation）原则的转变。[1]

福柯视委拉斯凯兹1656年的油画《宫娥》为古

〔1〕［法］米歇尔·福柯：《词与物：人文科学考古学》，莫伟民译，上海三联书店2001年版，第23-102页。

典“表象”原则的体现。[1] 表面看来，这幅画的中心人物似乎是盛装的小公主，她处在画面中光线最亮的部分，两位宫娥殷切地看着她，但小公主本人的视线却朝向画外；同样的情形还有两处：小侏儒看着狗，但狗的视线朝向画外；女仆看着男仆，男仆的视线也朝向画外。除此之外，手持画笔的画家、大侏儒以及远处的侍卫，他们的视线也统统朝向画外；除了那只狗，画中所有朝向画外的视线都聚焦在同一个点上。他们看的是谁呢？远处墙上挂着的一面镜子揭示了真相，镜中映着并排站立的国王和王后，他们才是这幅画真正的主人公。画中的画家委拉斯凯兹正在给国王和王后画像，表面上的中心人物小公主其实是闯入者，这幅名为《宫娥》的画的主人公既不是宫娥，也不是小公主，而是站在画外、众人视线聚焦处的国王和王后。顺着宫娥的视线，你会看到小公主，而顺着小公主的视线，你会看到国王和王后。

国王和王后在这幅画中有两种呈现方式，一种是在镜中和画家的画板上，另一种是在众人的视线中。镜中和画板上的呈现遵循的是“相似”原则，

---

〔1〕［法］米歇尔·福柯：《词与物：人文科学考古学》，莫伟民译，上海三联书店 2001 年版，第 21 页。对《宫娥》一种不同于福柯的分析，参见彭锋：《〈宫娥〉的再现悖论及解决》，载《读书》2018 年第 6 期，第 170–177 页。

但镜中的形象如此模糊，而画板上的形象我们根本看不见，只有众人视线中所表象的，才清晰可感——不是在眼中，而是在脑海里。这是 17 世纪中叶，“表象”作为一种新的认识论原则，正在代替旧的、建立在相似性基础上的认识论原则。

图 7 委拉斯凯兹油画《宫娥》(1656)

在《词与物》中，福柯对表象的分析仅停留在知识考古学上，还没有到达权力系谱学。而霍布斯在《利维坦》中提出的表象/代表（representation）理论，却早已把这种知识背后的权力关系揭示出来了。

《利维坦》第一章一开头就说：“关于人类的思想，我首先要个别地加以研究，然后再根据其序列或其相互依存关系加以研究。个别地来说：每一思想都是我们身外物体的某一种性质或另一种偶性的表象（representation）或现象（apparence）。这种身外物体通称为对象（object），它对人类身体的眼、耳和其他部分发生作用；由于作用各有不同，所以产生的现象（apparence）也各自相异。”〔1〕。

霍布斯接着说，对象和表象之间的关系是一种力学关系：“感觉的原因就是对每一专司感觉的器官施加压力的外界物体或对象。其方式有些是直接的，比如在味觉和触觉等方面便是这样；要不然便是间接的，比如在视觉、听觉和嗅觉等方面便是这样。这种压力通过人身的神经以及其他经络和薄膜的中介作用，继续内传而抵于大脑和心脏，并在这里引起抗力、反压力或心脏自我表达的微动（endeavour），这种微动由于是外向的，所以看来便好像是外在之物。这一假象（seeming）或幻象（fancy）就是人们所谓的感觉。”〔2〕是压力、抗力、反压力以及微动，

〔1〕［英］霍布斯：《利维坦》1.1，第4页。

〔2〕［英］霍布斯：《利维坦》1.4，第4–5页。引文有改动。

而不是对象本身，在人体中产生了感觉。“正好像压、揉或打击眼睛时就会使我们幻觉看到一种亮光”，[1] 是力，而不是对象，产生了感觉或感觉的表象。当感觉或感觉的表象产生时，对象不一定存在，但力肯定是存在的。

《利维坦》手稿版题图中，五十个小头和大头之间无论多么相似，他们之间都不存在一种力学关系。小头的视线朝向画外，没有朝向大头，也没有聚焦到一处。五十个小头组成的身体与大头之间其实是分离的。疙里疙瘩的小头像刚刚被砍下来，而大头看上去是安在身体上，却和被砍掉了没有什么两样——也许这正是流亡巴黎的查理二世的真实处境：他代表的是一个处于瓦解之中的“利维坦”，但这种代表缺乏授权。

而在《利维坦》印刷版题图中，三百多小人和那个中年男子的头，却由三百多齐刷刷的视线连起来了。三百多人的视线所向，是对主权者的授权，主权者的视线所向，是对国家的代表。授权和代表，都是力的体现。视线是力线，也是权力线。[2]

更妙的是，当我们注视这幅图中的那个中年男人的面孔时，我们自然也加入进来，成为那三百多

---

〔1〕［英］霍布斯：《利维坦》1.4，第5页。

〔2〕霍布斯认为，物理的力和权力并无分别。参见张瀚天：《力与权力的一元论：霍布斯的动力学与权力概念》，北京大学法学院2018年硕士学位论文。

人中的一员。这样我们自己就成为授权者，视线所向，那个主权者成为我们的代表者。委拉斯凯兹在创作《宫娥》这幅画时，第一个站在国王的位置上，当这幅画完成之后，又诱导观众站在同样的位置上，观众每观看一次《宫娥》，国王夫妇就被表象了一次；霍布斯在参与创作《利维坦》题图的时候，第一个站在臣民的位置上，印刷版题图则诱导每一个读者都站在臣民的位置上。

这种体验，对于每一个曾经参加过升国旗仪式、对国旗行注目礼的现代国家的公民，都不陌生。

五、"老大哥"

小说《一九八四》中，"老大哥"的画像无处不在："一张很大的面孔，有一米多宽：这是一个大约四十五岁的男人的脸，留着浓密的黑胡子，面部线条粗犷英俊。""这是属于这样的一类画，你不论走到哪里，画面中的眼光总是跟着你。下面的文字说明是：老大哥在看着你。"〔1〕

与《利维坦》题图不同，"老大哥"的画像彻底省略了身体。这样的省略是合理的吗？

〔1〕［英］奥威尔：《一九八四》，董乐山译，辽宁教育出版社1998年版，第3页。

真理部工作人员温斯顿被捕之后，曾经问过奥勃良一个纠结已久的问题“老大哥存在吗？”“我意识到我自己的存在的。我生了下来，我还会死去。我有胳膊有腿。我占据一定的空间。没有别的实在东西能够同时占据我所占据的空间。在这个意义上，老大哥存在吗？”——奥勃良是这么回答的，“你不存在”，而老大哥存在。〔1〕

奥勃良的回答符合霍布斯的理论。当温斯顿凝视着“老大哥”的头像、思考“老大哥”存不存在的时候，“老大哥”正是由于这种凝视和思考而存在的。老大哥并不是在与温斯顿“相似”——有胳膊有腿，占据一定的空间——的意义上存在。凝视和思考，就是授权，就是“力”的灌注。《利维坦》题图费力画出那三百多个小人，以及由三百多小人构造出利维坦的身体，还带有“相似”原则的痕迹，就理论来说是必要的，对于授权与代表本身则变得冗余。

霍布斯说过，击打眼睛也会产生光的幻觉。只要练习好“双重思想”，〔2〕幻觉和感觉其实无法区分。温斯顿在伪造档案时，曾经是这样的击打者。

---

〔1〕［英］奥威尔：《一九八四》，董乐山译，辽宁教育出版社1998年版，第233页。

〔2〕“双重思想（doublethink）意味着在一个人的思想中同时保持并且接受两种相互矛盾的认识的能力。”［英］奥威尔：《一九八四》，董乐山译，辽宁教育出版社1998年版，第190页。

奥勃良改造温斯顿时，也是这样的击打者。当改造完成时，幻觉已经产生，温斯顿不再有存在的必要。这解释了《一九八四》结尾处改造好的温斯顿反而被干掉。

从《利维坦》到《一九八四》，现代是一个“世界图像的时代”。“世界图像并非意指一幅关于世界的图像，而是指世界被把握为图像了。这时，存在者整体便以下述方式被看待了，即惟就存在者被具有表象和制造作用的人摆置而言，存在者才是存在着的。在出现世界图像的地方，实现着一种关于存在者整体的本质性决断。存在者的存在是在存在者之被表象状态中被寻求和发现的。”〔1〕国家如此，人也是如此，人和政治共同体被强行纳入一种规范性的领域之中。〔2〕观看委拉斯凯兹《宫娥》的观众，在画中人物的凝视中站上国王的位置，国王在观众身上再现并在场了；当他摆脱这种凝视，像委拉斯凯兹那样凝视这幅画时，画家本人就在观众

〔1〕［德］海德格尔：《林中路》，孙周兴译，上海译文出版社 2004 年版，第 86 页。

〔2〕“现代的表象意指着完全不同的东西。这种表象的含义最早由 repraesentatio 一词表达出来了。表象在这里意思是：把在手之物当作某种对立之物带到自身面前来，使之关涉于自身，即表象者，并将之强行纳入到这种与自身的关系——一种规范的领域——之中。”［德］海德格尔：《林中路》，孙周兴译，上海译文出版社 2004 年版，第 87-77 页。引文根据英文版有改动，参见 Heidegger, Martin, *The Question Concerning Technology and Other Essays*, p. 131, Translated by William Lovit, Garland Publishing, 1977。

身上再现并在场了。《利维坦》的题图也是如此。当你深入题图的细节，一步步理清了战争与和平、面具与人格、转让与授权、表象与代表的逻辑时，你就如同霍布斯所意图的那样，站在了臣民的位置上；但当你意识到这只不过是霍布斯制造的一个理论时，你又站在了霍布斯的位置上，霍布斯通过你再现并在场了。

第二章
自然状态是战争状态

一、卢梭对霍布斯的批评适用于《利维坦》吗?

霍布斯在《利维坦》中写道:“在没有一个共同权力使大家慑服的时候,人们便处在所谓的战争状态之下。这种战争是每一个人对每个人的战争。”〔1〕

霍布斯认为自然状态是战争状态的观点,引发了卢梭的激烈批评:“我们尤其不可像霍布斯那样作出结论说:人天生是恶的,因为他没有任何善的观念;人是邪恶的,因为他不知美德为何物;人从不肯为同类服务,因为他不认为对同类负有这种义务。

〔1〕[英]霍布斯:《利维坦》13.8,黎思复、黎廷弼译,商务印书馆1985年版,第94页。

我们也不可像霍布斯那样下结论说：人根据他对于所需之物有正当要求的权利，便疯狂地把自己看作是整个宇宙的唯一所有主。……这位作者，在根据他所建立的原则进行推理的时候，本应当这样说：由于自然状态是每一个人对于自我保存的关心最不妨害他人自我保存的一种状态，所以这种状态最能保持和平，对于人类也是最为适宜的。”[1]

卢梭认为，霍布斯之所以错误地把自然状态当作战争状态，是因为他把“自尊心”（*amour-propre*）和“自爱心”（*amour de soi*）弄混了。人在自然状态下只有“自爱心”（*amour de soi*），“自尊心”是人进入社会之后才产生的：“不应该把自尊心和自爱心混为一谈，这两种感情，无论按它们的性质或效果来说，都是迥然不同的。自爱心是一种自然的感情，它使所有的动物都注意自我保存。在人类中，由于自爱心为理性所指导，为怜悯心所节制，从而产生人道和美德。自尊心只是一种相对的、人为的、而且是在社会中产生的感情，它使每一个人重视自己甚于重视其他任何人，它促使人们彼此间作出种种的恶，它是荣誉心的真正根源。”[2] 在卢梭看来，如果霍布斯的自然状态里已经产生了“自尊心”或

---

〔1〕［法］卢梭：《论人类不平等的起源与基础》（以下简称《论不平等》）1.34，李常山译，商务印书馆1962年版，第98页。

〔2〕［法］卢梭：《论不平等》，第184页。

“荣誉心”，那说明他所说的自然状态已然是社会状态，而不是真正的自然状态，真正的自然状态还需要他进一步寻找。

卢梭这里的批评对于《论公民》是合适的，因为《论公民》把荣誉作为自然状态是战争状态的首要原因，第二是“意见分歧”，第三是“竞争”。[1]塔克考证过，“卢梭就是霍布斯的一位最殷勤的读者，他主要对《论公民》感兴趣”。[2]《论公民》的法语译本1649年就出版了，《论不平等》对《论公民》有一个明显的引用，似乎也暗示卢梭是就《论公民》对霍布斯提出的批评。[3]

但到了《利维坦》之中，霍布斯改变了早先在《法的原理》和《论公民》中的说法：“在人类的天性中我们便发现：有三种造成争斗的主要原因存在。第一是竞争，第二是猜疑，第三是荣誉。”[4]荣誉已经不是造成战争状态的首要原因，竞争和猜疑排到了前面。那么，卢梭对霍布斯的批评，还适用于《利维坦》吗？

---

〔1〕［英］霍布斯：《论公民》1.4-6，第6-7页。

〔2〕理查德·塔克：《霍布斯与民主》，载A. 布雷特等编：《重思〈近代政治思想的基础〉》，胡传胜、邵怡译，华东师范大学出版社2010年版，第147-171页。

〔3〕“恶人是一个强壮的幼儿”，卢梭：《论不平等》1.34，第98页。“恶人就像固执的孩子”，霍布斯：《论公民》，《致读者的前言》，第11页。

〔4〕［英］霍布斯：《利维坦》13.6，第94页。

书名＼重要程度	1	2	3
《法的原理》	荣誉	比较	竞争
《论公民》	荣誉	意见分歧	竞争
《利维坦》	竞争	猜疑	荣誉

当然，不能根据字句的不同便得出结论；关键要看改动的原因是什么。

施特劳斯认为，从《法的原理》、《论公民》到《利维坦》中的不同论述只能说明，关于战争状态的原因，霍布斯本人也拿不定主意："在霍布斯的三部著述之间，存在着令人震惊的不一致和脱节，并存在着更为惊人的含混不清之处，每部著作自身，甚至还有逻辑上的缺陷；所有这些都表明，霍布斯自己从来也没有完成对他的根本论断所作的论证，而且我们仔细研究就会看到，他没有完成这些论证，其实就是因为，是否直截了当地把人的自然欲望归结成为虚荣自负（vanity），并明确地以此作为他的出发点，连他自己都拿不定主意。"[1] 拿不定主意的原因是这样的一个逻辑矛盾：如果认定人的自然欲望就是虚荣自负，那么人就是天性邪恶的，这和霍

〔1〕［美］施特劳斯：《霍布斯的政治哲学》，申彤译，译林出版社 2001 年版，第 14 页。原书出版于 1936 年。

布斯关于人的本性并不邪恶的观点形成了矛盾。“出于这个原因，在为每一个人针对每一个人的战争状态列举渊源的时候，他就在最终的压卷之作（《利维坦》）中，把虚荣自负放在最后的位置了。”〔1〕放在最后仅仅是权宜之计，因为在人的自然欲望是虚荣和人的本性并不邪恶之间，霍布斯为了坚持前者，宁可暂时放弃后者。在1950年的《自然正当与历史》中，施特劳斯针对这一点写道：“如果德性就等于获取和平，那么恶就是那样一种习惯或激情，它本身与和平水火不容，因为它根本上就是要冒犯别人的，并且仿佛是存心要冒犯别人的；实际上恶就等于是骄傲虚荣或amour-propre[虚荣心]……”〔2〕从1954的《论霍布斯政治哲学的基础》一文，〔3〕一直到1964年在芝加哥大学关于霍布斯的讲课中，〔4〕施特劳斯一直坚持，霍布斯把虚荣作为战争状态的首要原因这一点并没有实质改变。

关于这个问题，李猛在《自然社会》一书中提出了一种不同的看法。李猛认为，霍布斯在《利维

---

〔1〕［美］施特劳斯：《霍布斯的政治哲学》，第15页。

〔2〕［美］施特劳斯：《自然正当与历史》，彭刚译，生活·读书·新知三联书店2003年版，第192页。

〔3〕［美］施特劳斯：《什么是政治哲学》，李世祥等译，华夏出版社2014年版，第173页。

〔4〕Leo Strauss, “Seminar in Political Philosophy: Hobbes' *De Cive* and *Leviathan*”, https://leostrausscenter.uchicago.edu/course/hobbes-leviathan-and-de-cive-winter-quarter-1964.

坦》中，把虚荣排列在竞争和猜疑之后并不是权宜之计。“这一改动的一个间接结果，是将人性中的性情差异（虚荣与适度的区分）当作导致普遍敌意的补充原因。而自然能力的平等产生的希望平等，以及作为其必然结果的欲望竞争，在霍布斯笔下，成为战争状态的主要而直接的原因。”〔1〕

我赞同李猛的看法。要补充的是，关于自然状态是战争状态，霍布斯在《利维坦》中提出了一种比前两本著作更为完备的激情推论，而这反映了霍布斯对生命究竟是什么的一种根本观点的改变。

二、竞争、猜疑和荣誉

就自然状态是战争状态，人们经常引用霍布斯在《利维坦》第十三章中的一种论证：

> 人性竟然会使人们如此彼此互相离异、易于互相侵犯摧毁，这在一个没有好好考虑这些事物的人看来是很奇怪的。因此，他也许不会相信根据激情作出的这种推论，而希望用经验加以证实。那么我们不妨让这种人考虑一下自

〔1〕李猛·《自然社会》，生活·读书·新知三联书店 2015 年版，第 128 页。

> 己的情形。当他外出旅行时，他会要带上武器并设法结伴而行；就寝时，他会要把门闩上；甚至就在屋子里面，也要把箱子锁上。他做这一切时，自己分明知道有法律和武装的官员来惩办使他遭受伤害的一切行为。[1]

但是，霍布斯所举的这三个例子都不是他所谓的“根据激情做出的推论”，而只不过是霍布斯对不相信激情推论的人所提出的经验论证。经验论证和激情推论是不同的。“记忆多或记住许多事物就谓之经验。”[2] 而记忆是“感觉的消退、衰老和成为过去”。[3] 按照霍布斯关于科学的分类，伦理学是“人类特有的性质”的推理，而其他建立在感觉(以及感觉基础上的经验)的推理属于“一般动物性质的推理”，不属于人所特有的伦理学。[4] 《利维坦》要提供的是一个完全建立在激情推论上的伦理学证明。

1. 从竞争到战争

这个伦理学证明是从人在体力和智力方面的自然平等开始的。体力上的平等的证据，是一个人杀死另一个人的力量上的平等：“就体力而论，最弱的

[1] ［英］霍布斯:《利维坦》13.10，第95页。

[2] ［英］霍布斯:《利维坦》2.4，第8页。

[3] ［英］霍布斯:《利维坦》2.3，第8页。

[4] ［英］霍布斯:《利维坦》9.3，第62-63页之间的表。

人运用密谋或者与其他处在同一种危险下的人联合起来，就能具有足够的力量来杀死最强的人。”[1]“至于智力……我还发现人与人之间更为平等。”[2]

霍布斯所说的智力，指的是“慎虑”的能力，而不是从事文艺与科学的能力。[3]“慎虑就是一种经验，相等的时间就可以使人们在同样从事的事物中获得相等的分量。”[4]就杀人而言，只要有足够的时间，获得杀人的经验并不是什么难事。因为慎虑就是经验，经验来自记忆，记忆来自感觉；而感觉能力是人和兽都具备的，甚至人不一定比兽优异，这导致慎虑根本不足以把人和兽区分开来：“人之有别于兽类，却不在于慎虑。有些一岁的野兽比十岁的儿童所能观察的事物更多，并能更为谨慎地追踪于己有利的东西。”[5]至于人与人之间，在慎虑也

---

〔1〕［英］霍布斯：《利维坦》13.1，第92页。

〔2〕［英］霍布斯：《利维坦》13.2，第92页。

〔3〕霍布斯认为文艺和科学能力并不是人的自然能力：“以语词为基础的文艺，特别是称为科学的根据普遍和颠扑不破的法则处理问题的技能（这种技能很少人具有，而且也只限于少数事物；它既不是一种天生的能力，也不像慎虑那样是在我们关注其他事物时得到的）。”［英］霍布斯：《利维坦》13.2，第92页。

〔4〕［英］霍布斯：《利维坦》13.2，第92页。

〔5〕［英］霍布斯：《利维坦》3.9，第16页。

就是智力方面的差别其实非常小。[1]

人和人之间体力的差别，并不足以阻止最弱的人杀死最强的人；人和人智力方面的差别，更不足以阻止这一点。“由这种能力上的平等出发，就产生达到目的的希望的平等。因此，任何两个人如果想取得同一东西而又不能同时享用时，彼此就会成为仇敌。他们的目的主要是自我保全，有时则只是为了自己的欢乐；在达到这一目的的过程中，彼此都力图摧毁或征服对方。”[2] 霍布斯将这种情形称为竞争，在这种情形下，“人们使用暴力去奴役他人及其妻子儿女与牲畜”。[3]

但要使自然状态变成战争状态，偶然的竞争是不够的，必须使竞争成为常态，也就是说，必须考虑时间因素：

---

〔1〕“当一个有谋划在胸的人考虑了大量事物以后，如果观察出了这些事物怎样有助于他的谋划，或是对于哪一种计划有用，而其观察又属难能鲜见时，那么他的智慧就称为慎虑。这种智慧有赖于大量的经验以及对类似事物与其后果的记忆。在这方面人与人之间的差别不如想象和判断方面那样大，因为年龄相等的人经验的多少不会相差很远；其差别在于情况不同，因而各人都有他自己的打算。善于治家和善于治国并不是程度不同的两种慎虑，而是两种不同的事情；正像小于原物、等于原物和大于原物的绘画不是程度不同的艺术一样。一个普通农民对于自己的家务比一个枢密大臣对旁人的家务更能深谋远虑。”霍布斯：《利维坦》8.11，第52-53页。

〔2〕［英］霍布斯：《利维坦》13.3，第93页。

〔3〕［英］霍布斯：《利维坦》13.7，第94页。

> 在没有一个共同权力使大家慑服的时候，人们便处在所谓的战争状态之下。这种战争是每一个人对每个人的战争。因为战争不仅存在于战役或战斗行动之中，而且也存在于以战斗进行争夺的意图普遍被人相信的一段时期之中。[1]

战争状态就是“以战斗进行争夺的意图普遍被人相信”的状态。动物之间并不乏偶然竞争，但不能说动物世界处于战争状态，因为动物世界缺乏这种战斗意图被普遍相信这一因素。

> 因此，时间的概念就要考虑到战争的性质中去，就像在考虑气候的性质时那样。因为正如同恶劣气候的性质不在于一两阵暴雨，而在于一连许多天中下雨的倾向一样，战争的性质也不在于实际的战斗，而在于整个没有和平保障的时期中人所共知的战斗意图。所有其他的时期则是和平时期。[2]

可见，人的自然状态之所以是战争状态，是因为人的自然状态中存在“人所共知的战斗意图”。

---

〔1〕［英］霍布斯：《利维坦》13.8，第94页。
〔2〕［英］霍布斯：《利维坦》13.8，第94页。

那么，这种战斗意图是如何产生，又是如何变得人所共知的呢？

2. 从希望到自信

关于战斗意图，需要到自觉运动的内在开端——即激情中去寻找。霍布斯在《利维坦》中建立了一个激情的“几何学”体系。他先定义了欲望（appetite/desire）—嫌恶（aversion）、爱（love）—恨（hate）、快乐（joy）—悲伤（grief）这三对单纯的激情，[1] 而把其他三十多种激情视为这六种单纯激情在不同的情况下的不同名称。

这六种激情根据对象在场和不在场被进一步分为两类。“爱（love）与欲望（desire）便是一回事，只是欲望指的始终是对象不在场时的情形，而爱则最常见的说法是指对象在场时的情形。同样的道理，嫌恶（aversion）所指的是对象不在场，而恨（hate）所指的则是对象在场时的情形。”[2] 对象在场时产生的愉快属于感觉愉快，而对象不在场的愉快属于心理愉快：“愉快或高兴有些是由于对象在场的感觉而产生的，可以称为感觉的愉快。……这一类的愉快，包括一切身体的添增与排除；此外还包括视觉、听觉、嗅觉、味觉和触觉方面的一切愉快事物。另

[1] ［英］霍布斯：《利维坦》6.13，第39页。

[2] ［英］霍布斯：《利维坦》6.3，第36页。引文根据英文版有改动：Hobbes，Thomas，*Leviathan*：*With Selected Variants from the Latin Edition of 1668*，Edited by Edwin Curley，Hackett Publishing，p. 994.

一些愉快则是由于对事物的结局或终结的预见所引起的预期而产生的，不论这些事物在感觉上愉快或不愉快都一样。这类的愉快便是得出这类结论的人的心理愉快，一般称为快乐（joy）。同样的情形，不愉快有些是感觉方面的，被称为痛苦；另一些则是对结果的预期方面的，被称为悲伤（grief）。"[1] "欲望"和"嫌恶"、"快乐"和"悲伤"都属于对象不在场的情形，区别在于"欲望"和"嫌恶"针对的是记忆中的、过去的对象，而"快乐"和"悲伤"针对的是预期中的、未来的对象。[2]

对象在场	对象不在场	
	过去（记忆中）	未来（预期中）
爱	欲望	快乐
恨	嫌恶	悲伤

由此我们可以理解霍布斯从自然平等开始的激情推论了。第一步是能力平等产生希望平等："由这种能力上的平等出发，就产生达到目的的希望的平

〔1〕［英］霍布斯：《利维坦》，6.12，第38-39页。

〔2〕Herbert, Gary B., *Thomas Hobbes: The Unity of Scientific & Moral Wisdom*, Vancouver: University of British Columbia Press, 1989, p. 96.

等。”[1] 希望是什么呢？希望可归为一种欲望（appetite）：“当人们具有能达成的看法时，欲望就称为希望。”[2] 如果两人对同一对象都产生能得到的希望时，就产生了竞争，竞争使他们彼此为敌：“任何两个人如果想取得同一东西而又不能同时享用时，彼此就会成为仇敌。他们的目的主要是自我保全，有时则只是为了自己的欢乐；在达到这一目的的过程中，彼此都力图摧毁或征服对方。”[3]

希望如果能长期保持便会变成自信：“长存的希望称为自信。”[4] 因为是长期的，自信就既指向过去，也指向未来，所以“自信”既是指向过去的欲望（appetite）的别名，也是指向未来的“快乐”（joy）的别名。“因构想自己的权势与能力而产生的快乐就是所谓自荣（glorying）的欣喜心理。这种心理所根据的，如果是自己以往行为的经验，便与自信相同。但如果仅是根据他人的谀词，或仅是自己假想一套以自得其乐，便是虚荣（vaine-glory）。”[5] 自信/自荣和虚荣的区别，在于自信/自荣基于记忆（remembrance），而虚荣基于预期（expectation），一个指向过去，一个指向未来。

---

〔1〕［英］霍布斯：《利维坦》13.3，第93页。
〔2〕［英］霍布斯：《利维坦》6.14，第39页。
〔3〕［英］霍布斯：《利维坦》13.3，第93页。
〔4〕［英］霍布斯：《利维坦》6.19，第39页。
〔5〕［英］霍布斯：《利维坦》6.39，第41页。

“他们的目的主要是自我保全，有时则只是为了自己的欢乐”这句话表明，竞争的主要目的是自我保全，即指向过去，只有在有些时候才指向未来的虚荣。为了自我保全的竞争比纯粹为了快乐和虚荣的竞争更为普遍，因为“自然界中所存在的只有现实，过去的事物只能在记忆中存在，而未来的事物则根本不存在。未来只是心灵将过去行为的序列应用于现存行为序列而造成的假设；经验最丰富的人所作出的假设最为肯定，但亦并非完全肯定。当后果和我们的预期相符合的时候，它虽然被称为慎虑，然而就其本质而言却只是一种假定”。[1]

3. 从自信到猜疑

自信是长存的希望，但当一个人自信满满、充满希望地征服、侵犯另一个人的时候，希望很有可能变成失望。因为会“出现一种情形，当侵犯者所引为畏惧的只是另一人单枪匹马的力量时，如果有一个人培植、建立或具有一个方便的地位，其他人就可能会准备好联合力量前来，不但要剥夺他的劳动成果，而且要剥夺他的生命或自由。而侵犯者本人也面临着来自别人的同样的危险”。[2]

人的自然上的平等这时依然发挥着作用；竞争中的一方即使体力比对方强，脑力比对方敏捷，在

〔1〕［英］霍布斯:《利维坦》3.7，第15页。
〔2〕［英］霍布斯:《利维坦》13.3，第93页。

竞争中“具有一个方便的地位”，“最弱的人运用密谋或者与其他处在同一种危险下的人联合起来，就能具有足够的力量来杀死最强的人”。[1] 这一联合力量“不但要剥夺他的劳动成果，而且要剥夺他的生命或自由”，这样“侵犯者本人也面临着来自别人的同样的危险”。获胜的希望就会变成失望，自信也就变成不自信或猜疑（diffidence）。霍布斯将自信定义为“长存的希望”，而将“猜疑”定义为“长存的失望”。[2]

自信是单方面的，建立在自我的记忆和预见之上，而猜疑却是相互的，是将自己投射到别人身上形成的。在相互的猜疑之中，“自保之道最合理的就是先发制人，也就是用武力或机诈来控制一切他所能控制的人，直到他看到没有其他力量足以危害他为止。这并没有超出他的自我保全所要求的限度，是普遍允许的”。[3] 源于自信的竞争使“人们使用暴力去奴役他人及其妻子儿女与牲畜”，而猜疑却使

---

〔1〕［英］霍布斯：《利维坦》13.1，第92页。

〔2〕［英］霍布斯：《利维坦》6.20，第39页。

〔3〕［英］霍布斯：《利维坦》13.4，第93页。引文有改动。

人人自危。因为猜疑会形成“猜疑链”：[1] 但你猜疑别人的时候，也会猜疑别人这样猜疑你。“联合力量”要去剥夺他人的劳动果实、生命或自由的时候，不会没有料想敌人也可以联合起来，这样就需要动员更多的人加入联合力量；一方这样做的时候，对手也不会束手就擒，“用武力或机诈来控制一切他所能控制的人”，直到双方都看到没有其他力量足以危害自己为止，这样就将所有人都卷进来，“以战斗进行争夺的意图普遍被人相信”了。正如霍布斯用英国的气候所做的比喻，一两阵暴雨并不足以构成恶劣的气候，恶劣气候的性质“在于一连许多天中下雨的倾向”之中，一两场竞争也不足以引发战争状态，是相互的猜疑形成的猜疑链使得战争变成自然状态的一种倾向了。

4. **目的论思维与因果关系思维**

动物之间有竞争，但并不存在战争状态；人的自然状态为什么是战争状态呢？这肯定要到人和动物的区别中去寻找。前面已经提到，霍布斯认为基

[1] “猜疑链”的概念是刘慈欣在《三体》中发明的。“如果你认为我是善意的，这并不是你感到安全的理由，因为按照第一条公理，善意文明并不能预先把别的文明也想成善意的，所以，你现在还不知道我是怎么认为你的，你不知道我认为你是善意还是恶意；进一步，即使你知道我把你也想象成善意的，我也知道你把我想象成善意的，但我不知道你是怎么想我怎么想你怎么想我的，挺绕的是不是？这才是第三层，这个逻辑可以一直向前延伸，没完没了。”刘慈欣：《三体 2：黑暗森林》，重庆出版社 2008 年版，第 444 页。

于感觉的慎虑并不足以将人和兽区分开来，但霍布斯在《利维坦》第三章讨论同样基于感觉的定向思维时，区分了两种定向思维，一种是人和兽共有的，而另一种则是人独有的：

> 定向思维系列有两种。一种是当我们探寻某种想象的结果的原因或其产生方式时所形成的系列，这是人类和兽类所共有的。另一种是当我们想象任何事物时，探寻其可能产生的一切结果而产生的系列；也就是当我们想象自己拥有这种对象以后，可以用它来干些什么时所形成的系列。这种系列除开在人类身上之外，我在任何时候都没有发现过存在的迹象。原因是这种好奇（curiosity）的心理是只具有饥、渴、怒、情欲等肉体激情的任何生物的天性所无法产生的。[1]

施特劳斯将这种人与兽都拥有的定向思维称为“目的论思考”，而将只有人才有的定向思维称为“因果关系思考”：“在霍布斯看来，……人大脑中唯一的自然特性，是把现象理解为可能效果的原因的思考能力，这不同于寻求产生‘一种想象中的效果’的原因或手段的能力，后一种能力为‘人畜所

〔1〕［英］霍布斯：《利维坦》3.5，第14页。引文有改动。

共有’，人所特有的不是‘目的论思考’而是‘因果关系思考’。”〔1〕所谓好奇，就是对因果关系的好奇。

人之所以有“好奇心”，是因为在他身上，对于不在场的对象会产生一种压倒感觉快乐的心理快乐：“想要知道为什么（why）及怎么样（how）的欲望谓之好奇心（curiosity）。这种欲望只有人才有，所以人之有别于其他动物还不只是由于他有理性，而且还由于他有这种独特的激情。其他动物身上，对食物的欲望以及其他感觉的愉快占支配地位，使之不注意探知原因。这是一种心理的欲念（Lust of the mind），由于对不断和不知疲倦地增加知识坚持不懈地感到快乐，所以便超过了短暂而强烈的肉体愉快。”〔2〕

单纯的竞争只是“战役或战斗行动”，这在动物之中也存在，但人的自然状态之所以是战争状态，还因为人独特的好奇心促使“我们想象任何事物时，探寻其可能产生的一切结果”，也就是促使“我们想象自己拥有这种对象以后，可以用它来干些什

〔1〕［美］施特劳斯：《什么是政治哲学》，李世祥译，华夏出版社2014年版，第168页。

〔2〕［英］霍布斯：《利维坦》6.35，第40页。引文有改动。在《利维坦》所列举的所有激情中，还有一种激情也明确说只有具有因果关系思维的人才具有：“因对新奇事物的理解而产生的快乐，称为欣羡，这只有人类才有。因为它激起探知原因的欲望。”霍布斯：《利维坦》6.38，第41页。

么”。人和兽都可以由自己的能力的平等出发，产生达到目的的希望的平等，去竞争一个不能和他者同时享用的东西，但人的好奇心会让人探究这件事可能产生的一切结果：我存有这种希望的时候，别人也会存有这种希望；我培植、建立或具有一个方便的地位的时候，别人也会培植、建立或具有一个方便的地位；我方联合起来的时候，因为我这样做了，对手也会联合起来；我用武力或机诈来控制一切所能控制的人的时候，对手也会如法炮制。人会把自己也当作因果关系上的一个环节考虑进去，这就是科学：“科学则是关于结果以及一个事实与另一个事实之间的依存关系的知识。通过科学，我们就可以根据目前所能做的事情，推知在自己愿意的时候，怎样做其他的事情，或者怎样在其他的时候做类似的事情；因为当我们看到某一事物是怎样发生的、由于什么原因以及在什么方式之下产生的以后，当类似的原因处于我们能力范围以内时，我们就知道怎样使它产生类似的结果。”〔1〕

正如施特劳斯所说：“霍布斯能够从其关于人的定义中推论出有霍布斯特色的关于人的学说：人能把自己看作可能产生影响的一个原因；即人能意识到自己的力量；人能够关注于力量；人能够渴望拥有力量；人能够通过拥有让他人认可的力量来确认

〔1〕［英］霍布斯：《利维坦》5.17，第32-33页。

其变得强大的希望；也就是人能够自视过高或骄傲自大；人能够感受到未来的饥饿，能预测到未来的危险，能够萦绕于长远的恐惧。”[1]

5. **荣誉作为补充原因**

以上根据“自信”和“猜疑”这两种激情的推理，对证明自然状态是战争状态足够吗？卢梭并不这么认为：

> 一个人很可能夺取别人摘到的果实、打死的禽兽，或者侵占别人用作躲蔽风雨的洞穴；但他怎样能够做到强使别人服从他呢？在一无所有的人们之间从属关系的锁链究竟是怎样形成的呢？如果有人要从一棵树上把我赶走，我可以离开这棵树到另一棵树上去；如果在某一个地方有人搅扰我，谁会阻挡我到别处去呢？[2]

“有人要从一棵树上把我赶走，我可以离开这棵树到另一棵树上去。”这句话描述的正是竞争失败者的情形。用霍布斯的话说，竞争的失败导致失望，长存的失望产生猜疑或不自信，不自信的安分守己

[1] [美] 施特劳斯：《什么是政治哲学》，李世祥译，华夏出版社 2014 年版，第 168 页。

[2] [法] 卢梭：《论不平等》1.48，第 108 页。

者，完全可以规避竞争，而不一定要以牙还牙。正如在《三体》中，地球人和三体人处在猜疑链中，但为了生存，技不如人的地球人可以采取守势，选择逃走或降低光速将自己隐藏起来。[1]

但霍布斯的理论完全也可以回答这个质疑。在霍布斯看来，竞争失败者的逃避，只是逃避了眼前的这场战斗；而自然状态内在的战争倾向，是无法逃避的。就像在英国，人们可以躲避这场雨或那场雨，但英国多雨的气候特征，是英国人的命运，无法逃避。

既然“自信”和“猜疑”这两种激情的推理就可以证明自然状态是战争状态了，为什么霍布斯还要在《利维坦》中保留“荣誉”这一动机呢？

我们看到，在《利维坦》中，荣誉虽然也是引发战争状态的原因之一，但却集中在一些“鸡毛蒜皮的小事”上，“如一言一笑、一点意见上的分歧，以及任何其他直接对他们本人的藐视。或是间接对他们的亲友、民族、职业或名誉的藐视。”[2] 荣誉并不像竞争和猜疑那样针对的都是与自我保存相关的。在这一点上，可以说荣誉在《利维坦》中已经下降为一种补充性的原因。

---

〔1〕 刘慈欣：《三体3：死神永生》，重庆出版社2008年版，第468页。

〔2〕［英］霍布斯：《利维坦》13.6，第94页。

以上是就荣誉的整体地位而言。斯洛普（Gabriella Slomp）认为，要进一步探讨荣誉在竞争中的作用："尽管事实上，在从《法的原理》和《论公民》的过渡中，荣誉不再是所有人的终极动机，而仅仅是一些人的终极动机，但荣誉在《利维坦》中的作用和在早期作品中的作用是一样的。对荣誉的欲望是竞争、煽动和战争的原始来源，也是利维坦作为绝对的、不可分割的、不可推翻的力量能够维持人类和平的原因。"〔1〕

斯洛普一方面承认荣誉只是一些人的终极动机，另一方面又认为这些人对荣誉的追求，引发了所有人的竞争和战争，这种理解对《法的原理》和《论公民》是合适的，但对《利维坦》并不适用。霍布斯在《利维坦》中谈到竞争的动机时说，竞争者的"目的主要是自我保全，有时则只是为了自己的欢乐"，〔2〕这些"只是为了自己的欢乐"的竞争者就是追求荣誉者，他们"把征服进行得超出了自己的安全所需要的限度之外，以咏味自己在这种征服中的权势为乐"。〔3〕但对于大部分人在大部分时候，

---

〔1〕 Gabriella Slomp, "Hobbes on Glory and Civil Strife", Springborg, Patricia, ed., *The Cambridge Companion to Hobbes's Leviathan*, Cambridge, New York: Cambridge University Press, 2007, p. 192.

〔2〕［英］霍布斯:《利维坦》13.3，第93页。

〔3〕［英］霍布斯:《利维坦》13.4，第93页。在《利维坦》拉丁文本中，明确称这些人是为了荣誉，"For since there are those who, from pride and desire for glory, would conquer the whole world"。

即使在自己的安全所需要的限度内追求自我保存，也足以引发竞争和战争。

霍布斯在《利维坦》中保留追求荣誉者，目的并不是为了论证自然状态就是战争状态；而是为未来的统治者预留人选。

卢梭认为自然状态中不存在这种人："有没有这样一个人，因为他不但力量比我大，而且还相当腐化、懒惰、凶恶，竟至强迫我替他觅取食物，而他自己却无所事事呢？那么，这个人就必须下定决心时时刻刻注意着我，在他要睡觉的时候，还得十分小心地把我捆绑起来，免得我会逃掉，或者把他杀死，也就是说，他必须甘愿给自己增加一种负担，而这种负担远比他自己想避免的和他所加给我的还要大得多。"〔1〕霍布斯则相信存在这样的人，这些人宁可给自己增加一份负担，也要去统治别人："我把这种统治者比之于利维坦；这比喻是从《约伯记》第 xli 章最后两节取来的，上帝在这儿说明了利维坦的巨大力量以后，把他称为骄傲之王。上帝说：'在地上没有像他造的那样无所惧怕。凡高大的、他无不藐视、他在骄傲的水族上作王。'"〔2〕统治者将从自然状态中的骄傲者中产生。

〔1〕［法］卢梭：《论不平等》1.48，第 108 页。

〔2〕［英］霍布斯：《利维坦》28.27，第 248-249 页。

三、生命是一场竞赛，还是生命是一种运动

现在我们回头来考查一下《法的原理》和《论公民》中的关于自然状态是战争状态的论证，并寻求霍布斯在《利维坦》中改变论证的原因。

《法的原理》也是从人人在体力（strength）和智力（wit）的平等开始论述的，“因为只要一点点力量就可以夺走一个人的生命，我们可以得出结论说，人仅就其本性而言，应该承认彼此平等。那些不求更多的人，可以被称为适度者（moderate）”。[1]

但由于各人激情的差异，并不是所有的人都是适度者。“总有些虚荣者希望超过、胜过他们的同伴，不光在其力量与他人平等的时候这样，甚至在他们力量弱于他人的时候也这样。我们必须认识到，那些适度者所求不过是自然的平等，但在那些试图征服他们的力量眼中，也就变得极为可憎了。这样在人类之中就会产生一种普遍的猜疑，以及相互之间的恐惧。”[2]

---

〔1〕 Hobbes, *The Element of Law, Natural and Politic* 14.2, Edited by J. C. A. Guskin, Oxford, New York: Oxford University Press, 1994.

〔2〕 Hobbes, *The Element of Law*, 14.3.

可见，在《法的原理》中，自然状态成为战争状态的“罪魁祸首”乃是这些虚荣者。“猜疑”也首先是虚荣者对于适度者的猜疑，然后才演变成一种普遍的猜疑和相互的恐惧。《论公民》也保留了适度者和虚荣者的区分。适度者“对自己的能力有符合实际的估计”，“他践行自然的平等，容许自己要的东西也容许别人要”；而虚荣者“认为自己比别人优越，想要所有的东西，并要求自己得到比其他人更多的荣誉”。与《法的原理》的论述不同，《论公民》没有说虚荣者首先挑起了战争，只是说适度者的加害意志是“为了保护其财产和自由而对抗他人”，而虚荣者加害他人的意志来自“虚荣和对自己力量的过高估计”。[1] 在这一点上，虚荣者似乎应负更多的罪责（culpability）。

正如施特劳斯所说，《法的原理》和《论公民》对虚荣者的“指责”，与霍布斯关于人的本性并不邪恶的观点形成矛盾。不仅如此，从虚荣开始推理战争状态的成因，也与霍布斯关于自然状态是战争状态的自然权利论证形成矛盾。霍布斯在《法的原理》中说：“每个人凭借自然对万事万物都有权利，也就是说，他可以对任何人做任何事，对所有他想要和他能够的任何东西占有、使用和享用。”[2] 在

---

〔1〕 Hobbes, *On the Citizen*, 1.4, p.26.

〔2〕 Hobbes, *The Element of Law*, 14.10.

《论公民》中说："所有人对所有事物都有权利，凭借这种权利，一个人可以正当地攻击，别人也可以正当地反击。"[1] 既然如此，即使虚荣者出于虚荣首先挑起征服战争，也应该是不受指责的，没有什么罪责之说。适度者自己要的东西容许别人要，但自己不要的东西却不容许别人要，反而变得迂腐可笑了。

《利维坦》的论证中保留了追求荣誉者，但取消了对他的任何指责。因为即使没有追求荣誉者，无辜的竞争和猜疑也足以引发战争状态。竞争作为战争状态的起因，在《法的原理》中就提出来了："许多人的欲望使得他们想要达到同一个目标，这个目标有些时候既不能共同享用，也不能分割，这就导致只有强者独享，那就要通过战争来决定谁是强者。"[2] 《论公民》中的字句与此基本相同，只不过增加了一句，说竞争是人彼此加害的最常见原因。在《利维坦》中，竞争这个最常见的原因成为引发战争的主要原因。在竞争和相互的猜忌下，每个人的自我保全成为人人都想要的东西，这意味着每个人的命都会成为所有人都想要的东西，在《利维坦》中，霍布斯的自然欲望论证和自然权利论证之间的矛盾就完全消除了。

《法的原理》和《论公民》所设定的主要竞争

---

[1] Hobbes, *On the Citizen*, 1. 12, p. 29.

[2] Hobbes, *The Element of Law*, 14. 5.

目标并不是自我保存，而是追求荣誉者所谓的“欢乐”，这两本书都把荣誉作为导致战争状态的首要原因。在《法的原理》中，为了理解激情，霍布斯给出一个著名的比喻：“把生命比作一场比赛（race），虽然在每一点未必尽善尽美，但对于我们的目的——理解并记住差不多所有此前提到的激情——来说，还是很贴切的。对这场比赛，我们必须假设，除了成为第一名，没有其他目标，也没有其他花环。”[1] 把生命看作一场比赛，那么“努力（endeavour）就是欲望（appetite）……视他人落后，就是荣誉（glory）；着眼过去以至于失利，就是虚荣（vain glory）……不断被超越，就是惨（misery），不断超越前面那一个，就是福（felicity），放弃比赛，就是死。”[2]

到《利维坦》之中，这种以比赛看待生命、活着的目标在于争取第一的乐观情绪完全消失了。“一个人对于时常向往的事物能不断取得成功，也就是不断处于繁荣昌盛状态时，就是人们所谓的福祉（felicity），我所说的是指今生之福。因为心灵永恒的宁静在今世是不存在的。原因是生命（life）本身就是一种运动，不可能没有欲望，也不可能没有畏惧，正如同不可能没有感觉一样。”[3] “因此，我首先

〔1〕 Hobbes, *The Element of Law*, 9. 21.

〔2〕 Hobbes, *The Element of Law*, 9. 21.

〔3〕［英］霍布斯：《利维坦》6. 58，第45页。引文有改动。

作为全人类共有的普遍倾向提出来的便是，得其一思其二、死而后已、永无休止的权势欲。造成这种情形的原因，并不永远是人们得陇望蜀，希望获得比现已取得的快乐还要更大的快乐，也不是他不满足于一般的权势，而是因为他不事多求就会连现有的权势以及取得美好生活的手段也保不住。”〔1〕

在《法的原理》中，霍布斯把人的官能（fucuilties）分为身体官能和心理官能，其中身体官能包括营养力、行动力和生殖力；心理官能分为认知（congnitive）和动机（motive）。〔2〕脑的运动称为认知，继之到心的运动称为激情。〔3〕那时，身体官能和心理官能还是并列的关系。《利维坦》则把官能统一为运动，这样身体官能就成为生机运动（vital motion），而心理官能就成为自觉运动（voluntary motion），心理官能只有在加强和辅助身体官能的时候才是有意义的：“这种被称为欲望的运动，从其表象方面说来就是高兴或愉快，它看来是生命运动的一种加强和辅助。所以引起高兴的事物，由于辅助或加强生命运动而被恰当地称为高兴和辅助；相反的事物则由于阻挠和干扰生命运动而被称为不高兴和烦恼。”〔4〕荣誉之所以还保留在《利维坦》中，仅仅是因为它能够使追

---

〔1〕［英］霍布斯：《利维坦》11.2，第72页。

〔2〕Hobbes, *The Element of Law*, 1.5-7.

〔3〕Hobbes, *The Element of Law*, 8.1.

〔4〕［英］霍布斯：《利维坦》6.10，第38页。

求荣誉者高兴，能够辅助和加强生命运动。

当霍布斯把身体官能和心理官能统一为运动（motion），进而把想象看作是自觉运动最初的内在开端，把欲望看作是想象所驱动的自觉运动的内在开端的时候，他实际从根本上取消了认知与动机、想象和欲望、身体官能和心理官能的区分。如果说生命是一场竞赛，活着便意味着要争取冠军的花环，这依然是一种目的论思维；而如果说生命是一场运动，那无疑是说，生命没有目的，活着不过是不得不如此之事，这是一种因果关系思维。霍布斯在《利维坦》中用一种悲凉的语调写道：

“我们要认识到，今生的幸福（felicity）不在于心满意足而不求上进。旧道德哲学家所说的那种极终的目的和最高的善根本不存在。欲望终止的人，和感觉与想象（imagination）停顿的人一样无法生活下去。幸福（felicity）就是欲望从一个目标到另一个目标不断地发展，达到前一个目标不过是为后一个目标铺平道路。之所以如此的原因在于，人类欲望的目的不是在一顷间享受一次就完了，而是要永远确保达到未来欲望的道路。因此，所有的人的自愿行为和倾向便不但是要求得到满意的生活，而且要保证这种生活，所不同者只是方式有别而已。”[1]

正如施特劳斯所言：“在霍布斯酝酿创制一个独

[1] ［英］霍布斯：《利维坦》11.1，第72页。引文有改动。

立的、自成体系的政治哲学之前，特别是在他的人本主义时期，对他来说，荣誉和英雄美德确实曾经是决定性的理想。随着他思想的形成发展，霍布斯越来越远地背离了对贵族德行的承认。然而，及至这个过程的终结，他不但创建了一个城市自由中产阶级的独特道德，而且与此同时，贵族德行本身，也经历了某种精神升华。"〔1〕 正如贵族是古典"公民"理想的集中体现，中产阶级身上则体现了人与公民的分离。竞争、猜疑代替荣誉成为自然状态下战争的普遍原因的过程，正是霍布斯放弃贵族德性，而以中产阶级为新人类，以中产阶级的伦理学为普遍伦理学的过程。"使人们倾向于和平的激情是对死亡的畏惧，对舒适生活所必需的事物的欲望，以及通过自己的勤劳取得这一切的希望。"〔2〕 对死亡的畏惧替代了对荣誉的追求，对舒适生活的欲望以及对于自己勤劳而非武德的自信，使中产阶级可以设想一种无猜疑的正面竞争的生活。霍布斯认为，这些激情可以在理性所提示的和平条件的帮助下，使人们走出自然状态，结束战争，达致和平。

---

〔1〕［美］施特劳斯：《霍布斯的政治哲学》，申彤译，译林出版社2012年版，第61页。

〔2〕［英］霍布斯：《利维坦》13.14，第96-97页。

第三章
从民主建国到代表建国

一、霍布斯的国家分类学

《利维坦》这本书的副标题是“教会国家和世俗国家的质料、形式和权力”。熟悉亚里士多德“四因说”的读者马上就会意识到，霍布斯保留了四因中的“质料因”、“形式因”和“动力因”，却唯独遗漏了亚里士多德认为最重要的“目的因”，这恐怕是有意为之的。

我们可以从霍布斯的国家分类学看他为什么忽略国家的目的。霍布斯认为，国家根据主权者人数的多寡分为三类：民主国、贵族国和君主国，以全体中的大多数为主权者的，是民主国；以少数为主权者的，是贵族国；[1] 以一人为主权者的，是君主国。古代著作家根据国家目的的不同，将这三类再分为六类则是多此一举，他们把与民主制相对的称为无政府，把与贵族制相对的称为寡头制，把与君主制相对的称为僭主制，只不过是“讨厌某种统治形式或统治者的人所采用的说法”。“这三种不同的叫法并不是国家的不同类型，而是表达了公民对统治者的不同感情。”[2]

霍布斯这种说法当然有歪曲的成分在。比如，古代作家那里并没有把“无政府”当作一种国家类型，他们也不可能想象存在某种无政府的“自然状态”，最坏的政制也不过是僭主制。亚里士多德根据统治目的的不同，将多数统治又以共同体的利益为重的政制称为共和制，将与共和制相对的变态形式称为民主制，[3] 但即使是民主制，也不可能是无政府的“自然状态”。

---

〔1〕 或寡头国，霍布斯认为这两者名二而实一。Thomas Hobbes, *The Elements of Law, Natural and Politic*, 20.3, Edited by J. C. A. Gaskin, Oxford, New York: Oxford University Press, 1994, pp. 110–111. 在《论公民》中，霍布斯把民主国的定义修改为“主权在任何公民都有权投票的会议手中”，贵族国的定义修改为“主权在部分人有权投票的会议手中”，不再以多数少数来区分民主国和贵族国，而以全部部分区分之。［英］霍布斯：《论公民》7.1，应星、冯克利译，贵州人民出版社 2003 年版，第 76 页。

〔2〕 ［英］霍布斯：《论公民》7.2，第 77 页。

〔3〕 亚里士多德认为民主制以穷人的利益为依归，穷人的利益并不等于共同体的利益。亚里士多德：《政治学》3.7.1279a35–b5，吴寿彭译，商务印书馆 1995 年版，第 133–134 页。

霍布斯这样的分类更加凸显他所看重的“有政府”和“无政府”、“公民状态”和“自然状态”的区别。古代作家所重视的各种统治的不同目的，在他那儿都不重要，因为所有的统治在他看来目的都是相同的，那就是结束战争状态。从权力的角度观之，君主和僭主的区别不在于权力大小，因为君主与僭主都拥有最高权力也就是主权；君主和僭主的区别也不在于权力受不受制约，因为君主的主权和僭主的主权都不受限制；君主和僭主的区别也不在于他们获得权力的方式的不同，只要人民同意，暴力获得主权也是合法的；而没有获得同意的是“公敌”，连僭主都不是；君主和僭主的区别仅仅在于使用权力的方式：使用得好的被称为君主，不好的被称为僭主，然而这只不过反映了不同的公民对他是尊重还是憎恨。〔1〕

霍布斯本人偏爱君主国，这并不是什么秘密。但在理智上，他并不“觉得公民应该更多地服从君主制国家，而非贵族制或民主制国家”，“因为，每个国家都必须掌握至高无上的平等权力”。不过，在《论公民》一书中，他承认他所强调的“君主国优于另一些国家形态”的论证，是该书中“唯一未加证明而只是作为可能性提出来的观点”。〔2〕在《利

〔1〕［英］霍布斯：《论公民》7.3，第77-78页。
〔2〕［英］霍布斯：《论公民》“献辞”，第14页。

维坦》中，这一抱歉的言辞消失了。为什么呢？这要到霍布斯从《法的原理》、《论公民》到《利维坦》的理论变化中去寻找。

二、民主建国论及其隐患

对于霍布斯，人走出自然状态建立国家有两种方式，一种的主权者是内部产生的，这称为按约建立的主权。另一种的主权者是外来的，如外来的征服者，母亲对孩子的支配本质上也属于征服，这称为以力获取的主权。按约建立的主权和以力获取的主权的区别在于，在前者，“人们之所以选择主权者是由于互相畏惧而不是由于畏惧他们按约建立的主权者”，[1] 而在后者，“人们所臣服的人就是他们所畏惧的人”。但“在这两种情形下，人们都是出于畏惧而服从的”。[2]

以力获取和按约建立的基础都是被统治者出于畏惧的同意，这一点两者是一致的。不同之处在于主权者如何产生。以力获取，获得被统治者同意的

---

〔1〕［英］霍布斯：《利维坦》20.2，黎思复、黎廷弼译，商务印书馆1985年版，第153页。引文有改动。

〔2〕［英］霍布斯：《利维坦》20.2，第153页。

力大者就是主权者;[1] 按约建立，主权者如何从平等者中间产生呢?

在此问题上，霍布斯在《法的原理》和《论公民》中思路可以称为“民主建国论”，到《利维坦》中，这个思路转变为“代表建国论”。

在《法的原理》和《论公民》中，按约建立称为“结盟”:“联盟是这样结成的：每个人通过信约服从某个人或某个会议，去做那些此人或此会议命令他去做的行为，不去做此人或此会议禁止他去做的。……号令者便可运用其所有的手段和力量，通

---

〔1〕 以力获取主权的情形如下：被征服者在被打败之后，如果继续反抗的结果是死路一条，为了自我保存，他会对征服者说：“我不反抗了，不要杀我，我的命先留给我，你可以随时取去。”这是一种退让。“被征服者为了避免眼前丧生之灾，以明确的语词或其他充分表示意志的形式提出信约，将他的生命和人身自由保留给自己，但在此期间战胜者可以对被征服者任意加以使用。订立了这种信约以后，被征服者就成了臣仆，但未订信约前则不是。”［英］霍布斯：《利维坦》20.10，第156页。引文有改动。Cf. Thomas Hobbes, *The Elements of Law, Natural and Politic*, 20.7, Edited by J. C. A. Gaskin, Oxford, New York: Oxford University Press, 1994, p. 112. 以力获取主权，被征服者只对统治者负有义务，而对其他被征服者没有义务，每个臣仆只服从主人，没有主人的命令，他并不服从主人的其他臣仆；孩子也只服从妈妈，而不服从妈妈的其他孩子；但在按约建立的主权下，被统治者却对统治者和其他臣民负有双重义务。

过威吓，将众人的意志结为一体，使其一致。”[1]“这个联盟，今天称为政治体或公民社会，希腊人称之为城邦。联盟就是群众为了共同的和平、防卫和利益，通过一个共同权力联合起来，如同一人。”[2]

获得共同权力的人或者会议，就是这个联盟的主权者。主权者的权力是每一个人通过信约转让给他的。但“因为任何人真的把自己的力量转移给另一个人都是不可能的”，转让只能这样理解：“所谓转让权力和力量，不过就是对那个受让者，放弃使用自己的反抗权。”[3] 所以，主权并不是什么新的权力，就是主权者保留的他在自然状态中的全部权力，这种权力因为不会再遇到反抗而变得无比强大。

霍布斯在《论公民》中这样描述按约建立主权的过程：“每个公民与其他公民订约时是这样说的：‘我将我的权利转让给这个人，条件是你也同样将你

---

〔1〕 Thomas Hobbes, *The Elements of Law*, *Natural and Politic*, 19.7, Edited by J. C. A. Gaskin, Oxford, New York: Oxford University Press, 1994, pp. 106-107. “一个人让自己的意志服从另一个人的意志，就是向那个人转让了自己运用各种力量和资源的权利，其结果就是：当其他人同样这样做时，接受他们服从的人就能通过使他们恐惧而将个体的意志结为一体，使其一致。”［英］霍布斯：《论公民》5.8，第57页。

〔2〕 Thomas Hobbes, *The Elements of Law*, *Natural and Politic*, 19.8, Edited by J. C. A. Gaskin, Oxford, New York: Oxford University Press, 1994, p. 107.

〔3〕 Thomas Hobbes, *The Elements of Law*, *Natural and Politic*, 19.10, Edited by J. C. A. Gaskin, Oxford, New York: Oxford University Press, 1994, p. 107.

的权利转让给他。’因此，每个人曾经拥有的为自己的利益运用自己的力量的权利就被全部转让给了为了公共利益的某个人或会议。凭借这种个人之间达成的协议（这种协议约束着约束他们各方），凭借这种权利的赠予（他们对统治者负有尊重这种赠予的义务），统治的权力就是通过对公民而言的双重义务而得到保证。一个义务是对其他公民的，另一个义务是对统治者的。”[1]

我们可以想象，A、B、C三人在自然状态中打到精疲力竭，马上就要同归于尽的当口，发生了这么一场对话：

A对B、C说：“我（A）放弃对X行使反抗权，条件是你们（B、C）也放弃对X行使反抗权。”

B回答说：“我（B）放弃对X行使反抗权。”

C回答说：“我（C）放弃对X行使反抗权。”

B、C的回答满足了A提出的条件，信约达成。之所以说是信约而不是契约，因为它并不是即时交割的，现在订立，履行却在以后。这个信约具有双重结构，其中A、B、C之间的协议约束着他们，但他们对X的共同赠予却是单方面的。他们都对X负

---

〔1〕［英］霍布斯：《论公民》6.20，第72页。引文根据英文文本有改动。Thomas Hobbes, *On the Citizen*, Edited by Richard Tuck and Michael Silverthorne, New York: Cambridge University Press, 1998.

有义务，但X作为主权者却对他们没有任何义务。

这是一个自带履行机制的信约。订立之后，A、B、C以后即使达成一致，也不能撤回对统治者X的授权，即重新获得自然状态中的反抗权。〔1〕霍布斯试图一劳永逸地结束自然状态，但他的理论还是有一个隐患。

隐患体现在建立政治体的具体过程中。如果这个X是外来的，那么以上建立的就是一个君主国。但如果X要从A、B、C三人之中产生，那么首先建立的就是一个民主国，而不能一步到位建立君主国。"这是必然的，因为贵族国和君主国，要求提名一些大家同意的人出来，而一大群人中能一致同意的人选，必然是大部分人都同意的。当大多数的投票包含了其余人的投票时，这其实就是民主。"〔2〕也就是说，按约建立的政治体，哪怕最终是君主国，也必然经过民主这个阶段。

我们仍然可用上面的例子来想象这个过程。假设A、B、C三人在自然状态中互相为敌，打到精疲力竭，马上就要同归于尽的当口，A说："我（A）放弃对我们三人组成的会议（X）行使反抗权，条件是你们（B、C）也放弃对X行使反抗权。"这个

〔1〕［英］霍布斯：《论公民》6.20，第72页。

〔2〕Thomas Hobbes, *The Elements of Law, Natural and Politic*, 21.1, Edited by J. C. A Gaskin, Oxford, New York: Oxford University Press, 1994, p. 119.

条件是B、C都可能接受的。但是，假如A说“你们两个放弃对我行使反抗权，我们建立一个君主国”，这个条件B、C不可能接受。建立贵族国或者君主国的过程只能是这样：A说“我（A）放弃对我们三人组成的会议（X）行使反抗权，条件是你们（B、C）也放弃对X行使反抗权，是否建立贵族国或君主国完全由X决定”。

这个信约是可以达成的，只是建立的仍然是一个民主国。下一步，X可以将主权转让给两个人组成的会议或者一个人，转让给前者，就是贵族国，转让给后者，就是君主国。[1] 所谓转让，仍然是在退让的意义上来理解。

问题出在这第二步的转让上。我们设想三人会议X将主权转让给三人之一的A这种情况，按照霍布斯的设想，在转让的那一刹那，三人会议X解散，A成为主权者，B、C变成群众，民主国变为君主国。

如果转让是彻底的，A的权力就等同于以前三人会议X的权力。既然X可以让A成为君主，那么A也可以让别人成为君主，比如传位给自己的子女，这样国家仍然还是君主国。[2] 当然，A也可以继续转让，将国家变成另一个民主国，或贵族国。

---

〔1〕［英］霍布斯：《论公民》7.8、7.11，第80、81页。
〔2〕［英］霍布斯：《论公民》7.15，第83页。

麻烦的是如果转让不是彻底的，而是附有条件——比如限定在一定时间内，这就需要分情况来讨论了。

第一种情况，X 决议以 A 有生之年为限，将主权转让给 A，但 X 在解散之前却没有决定在 A 死后再次集会的地点。这是否意味着在 A 死后，这个国家解体为自然状态呢？不是的。霍布斯认为，在这种情况下，A 按照不能以恶报善的自然法，有义务在生前召集同样不希望国家解体的公民开会，决定国家的形式；A 自己指定继承人也可以，这样国家还是君主国。

第二种情况，X 决议以 A 有生之年为限，将权力转让给 A，但在做这个决议之前决定了在 A 死后再次集会的地点。这种情况实际上不是主权转让，因为明确了下一次集会的时间地点，意味着 X 并没有解散，主权仍然掌握在 X 手中，国家仍然是民主国，A 的角色其实不是君主，而是人民的首席大臣。

第三种情况，X 决议以 A 有生之年为限，将权力转让给 A，在决议之前也决定了在 A 死后再次集会的地点，但在 A 生前，X 提前集会，推翻先前的决议，将 A 解职。这种情况下仍然是民主国，和第二种情况相同，争议在于 X 提前将 A 解职算不算违反之前与 A 的协议呢？霍布斯认为不算，因为根本就不存在这种协议。为什么这么说呢？原因在于，在民主国中，A 的意志已经被纳入 X 的意志之中了，X 在任命 A 有生之年担任名义上的君主、实际上的首席大臣的时候，这一任命本身就包含了 A 的意志；那么在提前将他解职的决议，同样也包括了 A 的意志。〔1〕

第四种情况，X 决议以 A 有生之年为限，将权力转让给 A，并让 A 决定以后是否再次集会。这种情况其实属于主权的彻底转让，民主国已变为君主国。因为 X 召集会议的主权权力已经转让给 A，那么 A 到底召不召集，或者仅仅召集一个咨询会议，也都在 A 的主权之内。

这第四种情况正是 1640 年代霍布斯和议会派理论家（《利维坦》称之为“民主作家”〔2〕）争论的焦点。议会派理论家认为，即使在君主国，人民也是一个可以统一行动的“共同体”或“政治法团”，他们拥有统一的人格，由上议院和下议院代表；王权则来自人民的“信托”（trust），“君主的权力只是次级的和派生的，人民才是权力的源泉和动力

---

〔1〕“在国家形成后，某个公民与人民订立的任何协议都是无效的，因为人民已将公民的意志吸纳进自己的意志中去了，公民对人民负有义务。”［英］霍布斯：《论公民》7.7，第 80 页。引文有改动。

〔2〕［英］霍布斯：《利维坦》29.15，第 255 页。

因”。[1] 当君主违反信托时，人民可以反抗君主，直至撤销授权。在霍布斯看来，议会派理论家的这些主张，无异于说英国仍然是一个民主国，君主不过上文所说的第二种和第三种情况，是人民的首席大臣而已。而英国的主权事实上在六百年前就已经彻底转让给君主了，[2] 议会和君主的关系或者属于第一种，或者属于第四种情况，查理一世是否召集议会，多长时间召集一次，都是查理一世这个主权君主的权力。霍布斯也不认可议会派作家推崇的混合政体，因为国王和议会同时代表人民意味着一个国家有两个主权者，意味着内战。

霍布斯认为，议会派理论家所说的“人民”其实是“群众”。“人民”和“群众”是不同的概念。“人民是一个单一的实体，有着单一的意志；你可以将一种行动归于它。而这一点却无法用在群众上。每个国家都是人民统治；即使是在君主国中，人民也行使着权力，只是人民的意志是通过某个人的意志来体现的。而公民即臣民则是群众。在民主国和

---

〔1〕［英］亨利·帕克：《对国王陛下某些近期答复和陈述的评论》，康向宇译，载强世功主编：《政治与法律评论》（第 8 辑），法律出版社 2017 年版，第 17–50 页。

〔2〕霍布斯在《利维坦》中说，英国国王成为主权者已经六百年了。但在英国“代表者这一称号竟然毫无异议地被认为是君主命令人民派来呈请请愿书，并在君主许可的条件下向他提出咨议的那些人”即议会，真是不可思议的。［英］霍布斯：《利维坦》19.3，第 144 页。

贵族国中，公民是群众，但议事会是人民；而在君主国中，臣民是群众，但［悖谬的是］君主是人民。”〔1〕

一直到1647年，在《论公民》第二版中，霍布斯还是寄希望于人们能够把“人民”和“群众”区分开来。他在第二版中添加了一个长注，重复了他的区分。〔2〕但他的努力没有成功。“普通人没有注意到这一点，他们总是把一大批人说成是人民，即国家，而他们说国家反叛君主（这是不可能的事）时，说人民想做［或不想做］不满的、抱怨的臣民想做［或不想做］的事时，他们是在‘人民’这个标签下，让公民与国家作对，即群众与人民作对。如果公民陷在这些观点中，那么，这些就是让公民准备去进行动乱的主要观点。”〔3〕

1640年代，英国人正是在霍布斯所抱怨的这种观点的指引下，掀起了一场议会反对国王的动乱，最终在1649年砍掉了国王查理一世的头。

霍布斯的努力之所以没有效果，是因为在《法的原理》和《论公民》中，如何解决从“多”中产生“一”，即从众多意志中产生一个意志，使“群众”变成“人民”，他在理论上依然要依赖一个

〔1〕［英］霍布斯：《论公民》12.8，第126页。

〔2〕［英］霍布斯：《论公民》6.1注，第72-73页。

〔3〕［英］霍布斯：《论公民》12.8，第126页。

“民主”过程。“当人们聚在一起建立一个国家时，几乎就他们聚会议事这一点而言，就可说他们建立的是民主国。”民主国建立在两条原则上，“一个是不被中断的定期会议所构成的人民”，“一个是多数人投票所构成的权威”。[1] 其中“不被中断的定期会议”最为重要，这意味着人民需要持续在场。

但在理论上和现实中，一个“不被中断的定期会议”是最难保持的。自然状态中的人并不是政治动物，进入公民状态后，他们忙于谋生，不可能像古希腊的公民那样因为有奴隶的供养而天天开会。霍布斯把民主会议不可避免的休会期比作君主的沉睡，“一个将要入睡的君主把主权交给别人去执掌，而在他醒来时即行收回”。[2] 两者都是主权沉睡，[3] 但无疑民主国的主权沉睡间隔太长，在沉睡期间总是有“群众”蠢蠢欲动，这就是民主建国带来的隐患。

三、从民主建国到代表建国

1649 年，查理一世被议会送上了断头台。从这

〔1〕［英］霍布斯：《论公民》7.5，第 79 页。

〔2〕［英］霍布斯：《论公民》7.16，第 85 页。

〔3〕Cf. Richard Tuck, *The Sleeping Sovereign: The Invention of Modern Democracy*, Cambridge University Press, 2016.

年的冬天到来年冬天，霍布斯完成了自己最主要的著作《利维坦》。[1] 其中，他放弃了在“民主建国论”下徒劳地区分“人民”与“群众”，而采用了议会派理论家首先提出的代表理论。[2]

> 如果要建立这样一种能抵御外来侵略和制止相互侵害的共同权力，以便保障大家能通过自己的勤劳和土地的果实养育自己，并且满意地生活，只有这样一条道路：所有人把他自己的权力和力量都授予一个人，或者一个能通过多数意见把所有人的意志还原为一个人意志的多人大会。这就等于是说，让一个人或一个由多人组成的大会来承担他们每个人的人格，而在那些有关公共和平或安全方面的事务上，承担他们人格的这个人无论做了什么，或导致他人对它做了什么，每个人都承认这些行动算是自己做出的，因此都将自己的意志服从于他的意志，让自己的判断服从他的判断。这就不只

---

〔1〕 Tom Sorell, Luc Foisneau, ed., *Leviathan after 350 Years*, Oxford, New York: Clarendon, Oxford University Press, 2004, p. 16.

〔2〕 See Quentin Skinner, "Hobbes on Persons, Authors and Representatives", Springborg, Patricia, ed., *The Cambridge Companion to Hobbes's Leviathan*, Cambridge Companions to Philosophy, Cambridge, New York: Cambridge University Press, 2007, pp. 157 - 180. Quentin Skinner, "Hobbes on Representation", *European Journal of Philosophy* 13, no. 2 (2005): 155-184.

是合意或协同了，而是全体真正统一于一个人格之中；这一人格是每个人和每个人相互订立信约而形成的，其方式就好像是每一个人都向每一个其他的人说：我授权这个人或这个大会，并放弃我统治自己的权利，把它授予这个人或这个集体，但条件是你也把自己的权利拿出来授予他，并以同样的方式承认他的一切行为。这一点办到之后，像这样统一在一个人格之中的一群人就称为Commonwealth，在拉丁文中称为civitas。这就是大利维坦的诞生。[1]

当一群人确实达成协议，并且每一个人都与每一个其他人订立信约，不论大多数把代表全体的人格的权利授予任何个人或一群人组成的集体（即使之成为其代表者）时，赞成和反对的人每一个人都将以同一方式对这人或这一集体为了在自己之间过和平生活并防御外人的目的所作为的一切行为和裁断授权，就像是自己的行为和裁断一样。这时国家就称为按约建立了。[2]

这两段描述只有一点不同。第一段，《利维坦》

---

〔1〕［英］霍布斯：《利维坦》17.13，第131-132页。这里采用了李猛的译文，见李猛：《自然社会：自然法与现代道德世界的形成》，生活·读书·新知三联书店2015年版，第385页。

〔2〕［英］霍布斯：《利维坦》18.1，第133页。

第十七章的描述给人的印象是主权者 X 已有人选，剩下的事情只是通过信约授权给他。我们可以想象每一个人与每一个人之间的缔约对话是这样的：

> A 对 B 说："我（A）授权并放弃我统治自己的权利给这个人（X），条件是你（B）也放弃你的自由权给 X，以同样的方式授权给他。"
>
> B 回答说："我（B）授权并放弃我统治自己的自由权给这个人（X）。"[1]

而第二段，《利维坦》第十八章的描述给人的印象是主权者还没有确定的人选，尚待通过投票确定。我们可以想象每一个人与每一个人之间的缔约对话是这样的：

> A 向 B 宣称："我（A）授权给任何得到多数投票的人，条件是你也这样做。"
>
> B 回答："我（B）授权给任何得到多数投票的人。"[2]

无论主权者是否已经有确定的人选，都不需要

---

〔1〕 Dalgarno, M. T. , "Analysing Hobbes's Contract", *Proceedings of the Aristotelian Society*, New Series, 76 (1975): 209-26.

〔2〕 Dalgarno, M. T, "Analysing Hobbes's Contract", *Proceedings of the Aristotelian Society*, New Series, 76 (1975): 209-26.

通过一个民主过程建立主权。这意味着，不管是“不被中断的定期会议”，还是“多数人投票所构成的权威”，都已变得不必要。民主建国因为需要多数人的投票形成权威，在主权者由内部产生的情形下，最小的民主国也要三个人，而在新的授权—代表模式下，哪怕是两个人也能建立一个国家。

如果主权者已经有确定的人选，那按约建立的主权仍然带有以力获取的痕迹。特别是已经在内部形成主权的一个国家去征服仍然处于自然状态下的一大群人时，这一大群人为了避免被征服者杀戮，也为了结束他们中间的战争状态，将主权授予这个征服者，就符合这种情形。但试问征服者内部的主权如何形成？也是通过征服模式吗？那么最初的主权如何形成？所以第二段描述更符合最初从无到有形成主权的情形。只是，最初主权的确定不一定通过投票来确定，在两人建国的情况下，可以设想抽签和轮流也是完全可能的。

通过投票来确定主权者的思路，归根到底仍然是以征服模式来思考共同权力的建立问题。之所以要把多数的意志当作所有人的意志，根本原因还是因为多数的力量大于少数的力量，就像征服者之所以能征服，就是因为他们力量大而已。但是，正如征服者内部也要建立共同权力才能成为征服者，多数内部也要建立共同权力才能维持多数。多数内部的共同权力如何建立呢？难道也要靠多数中的多数吗？多数中的多数推到极端，剩下的将是一个个体对另一个个体，既然两个个体在体力和智力上都是平等的，势均力敌，那以他们哪个人的意志作为共同意志呢？

霍布斯在讨论第十三自然法的时候说，对于不能分割、不能共享的东西，公道的自然法便要求其权利以抽签方式决定，或者轮流使用。[1] 既然公共权力和公共人格就是一种不能分割、不能共享的东西，那么使用抽签或轮流的方法正合适。当然，轮流又涉及按什么顺序轮流的问题，更容易产生争议。我们顺着霍布斯的思路，设想他在《利维坦》第十八章描述的订约对话这样进行：

> A 向 B 宣称："我（A）授权给任何抽签得出的人，条件是你也这样做。"
>
> B 回答："我（B）授权给任何抽签得出的人。"

这样就消除了按约建立主权过程中所有可能的征服因素，在完全平等的个体之间也能进行。[2] 抽

〔1〕［英］霍布斯：《利维坦》15.27，第 118 页。

〔2〕这意味着，抽签并不一定要和民主结合起来思考，代表制也可以使用抽签。王绍光：《抽签与民主、共和：从雅典到威尼斯》，中信出版社 2018 年版。

签不必在授权之前进行，而完全可以和契约的签订同时进行。这样也避免了事先确定人选带来的猜忌问题。如果在签约的同时抽签，每个人都有可能被抽中，那么在他的心目中，他就不是向某个特定的自然人格（natural person）授权，而是向某个人造人格（artificial person）授权了。

可以看出，霍布斯新的“代表建国”理论，包含这么几个要素。一是人格，二是授权，三是代表。

人格概念在《论公民》中已经存在了。每个人与每个人签订信约结成的联盟就是一个人格。“国家［按其定义］是这样一个人格，即它的意志通过若干人的协议被看作是他们大家的意志，它可以为共同的和平和防卫而运用他们的力量。”[1]

但是，《论公民》中只有国家或“人民”具有人格，而订约者在订约之前和之后都没有人格化，是自然人或群众。臣民服从的方式是退让，即放弃行使反抗权。这在君主国下比较好理解，但在民主国下会造成理解上的困难。

《利维坦》彻底解决了这个困难。全书第一部分“论人（Man）”在讨论完自然状态和自然法之后，插入了一章专论“人格、授权者和人格化的事物”（*Persons*, *Authors*, *and Things Personated*），这是《法的原理》和《论公民》中都没有的内容。按照这一

〔1〕［英］霍布斯：《论公民》5.9，第57–58页。

人格理论，一个人可以扮演多个角色，拥有多个人格。以自己名义说话办事的人格是自然人格，代表他人说话办事的人格是人造人格。民主国 A、B、C 三人服从三人会议的时候，就是各自以其自然人格服从其人造人格。

不过这样一来，授权的概念就变得必不可少了，自然人服从自然人，只要放弃自己统治自己的权利，在征服者或君主对自己行使统治权的时候退让就可以了。当然，一个自然人向另一个自然人转移权力和力量是不可能的，一个人格向另一个人格转移权力和力量也是不可能的。人造人格的权力是从授权来的。授权的含义其实就是承认，授权者向代表者授权，就是承认那个人造人格对自己所做的一切，都是代表自己的，等于是自己对自己做的。服从主权者，就不只是臣民在主权者作为自然人行使权力的时候，作为自然人退让，而且还要把这种退让，承认为是自己的行为。“一个人不论在哪一种方式之下放弃或转让其权利之后，就谓之有义务或受约束不得妨碍接受他所放弃或允诺让出的权利的人享有该项权益。他应当不使自己出于自愿的行为归于无效，这是他的责任。由于权利事先已经放弃或转让，所以这种妨碍便由于不具有权利而称为不公正或损害。”〔1〕

〔1〕［英］霍布斯：《利维坦》14.7，第 99 页。引文稍有改动。

在从平等的个体内部构建共同权力的过程中，最困难的问题是如何从“多”中产生“一”，即从众多意志中产生一个意志。在《法的原理》和《论公民》中，霍布斯试图通过把多数人的意志视同所有人的意志来解决这个问题：“如果要开始进行国家的构型，一个人群中的每个人在其中任何一个人所提出的任何问题上，都得与其他人达成一致，即多数人的意志应当被看成是所有人的意志；否则的话，既然人的态度和欲望彼此间的差别是如此之大，那么，一个人群就永远也不会有什么意志。如果有人拒绝同意这一点，那其他人仍会形成一个不包括他在内的国家。那就是为什么国家仍要保留着如同对付敌人一般对付异议者的原初权利即战争的权利。”〔1〕

但这样做有两个显而易见的缺点。其一，多数内部的一致如何保持？在一个问题上形成的多数和在另一个问题上形成的多数，可能不是同一个多数。其二，多数以对待敌人的方式对待异议者，那就意味着人对人的战争还在继续，自然状态还没有结束，和平还没有到来。

代表概念则比多数人投票更好地解决了主权的统一问题：“一群人，当他们被一个人（man），或一个人格（person）所代表时，就变成了单一人格（One Person），这是经由这群人中的每一个人的同意才能

〔1〕［英］霍布斯：《论公民》6.2，第61页。

做到的。是代表的统一性（Unity），而不是被代表者的统一性，造就了这个人格的单一性。是代表承担着这个人格，这个单一人格。这样，一（Unity）就不能被理解为多（Multitude）了。”[1]

《论公民》中也已经有了“人格”的概念。比如，A说：“我（A）放弃对我们三人组成的会议（X）行使反抗权，条件是你们（B、C）也放弃对X行使反抗权。”当B、C接受这个条件的时候，可以说三人会议就马上具有了人格。但是，由于只有X才有人格，而X只是三人会议的人格，A、B、C本身没有人格化，他们三个自然人和X的人格之间没有直接关系。只有A、B、C三人也人格化之后，他们向X的授权才可以将X变成他们每个人的代表，X人格的统一性就可以保证公共意志的统一性，而不必以三人会议的多数投票来保证共同意志的统一性了。

有了代表的概念，君主国或贵族国可以通过直接授权—代表来建立，也就完全没有必要先建立民主国，再由民主会议转让主权来建立君主国或贵族国了。君主国可以一步建立，民主建国带来的主权沉睡可以最大程度地避免了。正如萨格（Paul Sagar）所说：“如果霍布斯的确认为，在实践中所有的主权都是以力获得，那么民主建国的确是一个阐明主权

〔1〕［英］霍布斯：《利维坦》16.13，第125页。引文有改动。

概念的形成机制的思想实验的一部分，但民主建国并不是主权根本特征的要求。我们应该进一步指出，在《利维坦》中，即使在按约建立的主权中，霍布斯也放弃了民主建国的概念。理由非常简单，随着《利维坦》第十六章引入新的授权概念（先前的著作里没有这个概念），即便是按约建立的主权，也可以立即产生君主国（或贵族国），不再需要一个民主主权的过渡期以建立君主国。”[1]

<table>
<tr><td colspan="2">以力获取的主权</td><td colspan="2">《论公民》中以约建立的主权</td><td colspan="3">《利维坦》中以约建立的主权</td></tr>
<tr><td>征服</td><td>亲权</td><td colspan="2">民主</td><td colspan="3">授权—代表</td></tr>
<tr><td colspan="2">君主</td><td>贵族</td><td>君主</td><td>民主</td><td>贵族</td><td>君主</td></tr>
</table>

霍布斯在《法的原理》和《论公民》中之所以还依赖原始民主，根本原因在于他那时还没有摆脱以力获取主权的“征服”思路，多数投票的背后，是多数的力量。霍布斯并不是民主派，但是，在《法的原理》和《论公民》中，他对作为思想实验的原始民主的依赖，却使人经常将他误解为一个民

〔1〕 Paul Sagar, “Of Mushrooms and Method: History and the Family in Hobbes's Science of Politics”, *European Journal of Political Theory*, May 12, 2014.

主作家。〔1〕其实，这种民主建国的思路，在《利维坦》中已经完全放弃了。

授权—代表模式建立了一种新的集中权力、使用权力的方式，它最大限度地利用了人和公民的分离，摆脱了民主政治“在场”模式的束缚，将在现代造就史无前例的巨大“利维坦”。

四、代表制君主国

霍布斯偏爱君主国，这并不是党派偏见。在《利维坦》出版的次年，《父权制》的作者菲尔默这样评论《利维坦》：“关于当权的政府的权利，我同意他；但他所谓的政府获取权利的方式，我不能同意。我赞扬他的大厦，却不喜欢其地基，这看上去有点奇怪，但实际情况就是这样。他的‘自然权利’‘按约建立的国家’不获我心，这些东西充满了矛盾和不可能。我这里提出一点意见希望他考虑：如果他的大厦建立在他所谓的‘亲权王国’的原则基础上，难道不会更坚固吗？……因为他也承认，在‘按约建立的国家’之前，父亲原本就已经是

〔1〕理查德·塔克：《霍布斯与民主》，载A. 布雷特等编：《重思〈近代政治思想的基础〉》，胡传胜、邵怡译，华东师范大学出版社2010年版，第147-171页。

‘有生杀大权’的‘绝对主权者’，‘一个大家族，就主权而言就是一个小王国’。根据自然的次序，如果在按约建立的政府之前就产生了亲权的政府，那么对于家庭的臣民，就没有多少自由去同意什么按约建立的政府了。”〔1〕

菲尔默的最后一句话简直就像霍布斯说的。霍布斯当然知道这一点，他怎么可能不知道“各类伟大的君主制均发端于小型的家庭”。〔2〕他知道菲尔默所知的一切，却没有把他的大厦建立在菲尔默的“父权论”的基础上，他的大厦看起来和菲尔默一样，但他的地基却和菲尔默迥异。

霍布斯偏爱君主国，是基于他对君主国和贵族国、民主国的比较分析；在《利维坦》中，他终于不必为“君主国优于另一些国家形态”的论证感到抱歉了。他说，任何人在担任人民的代表的时候，同时还会保留自己的私人利益。而在公私利益冲突时，大多数情形下人会先顾及自己的私人利益。这是他不相信古典作家们强调正常政治体以公共利益为依归的内在理由。他认为只有在君主国中，“私人利益和公共利益是同一回事。君主的财富、权力和尊荣只可能来自人民的财富、权力和荣誉。因为臣

---

〔1〕 Robert Filmer, “*Patriarcha*” *and Other Writings*, Edited by Johann P. Sommerville, Cambridge University Press, 1991, pp. 184-185.

〔2〕［英］霍布斯：《一位哲学家与英格兰普通法学者的对话》，毛晓秋译，上海人民出版社2006年版，第141页。

民如果穷困、鄙贱或由于贫乏、四分五裂而积弱，以致不能作战御敌时，君主也就不可能富裕、光荣与安全”。[1] 也就是说，君主国中的君主会把人民的利益当作自己的利益去追求。而在贵族国和民主国中，主权代表者们的私人利益往往会超过人民的公共利益成为他们考虑的目标，这样贪污腐败和满足个人野心的行为就会层出不穷。霍布斯承认，君主的宠臣和谄媚者是很大的祸患，君主经常会为了满足宠臣和谄媚者而剥夺臣民的财产。但他同时指出，在贵族国和民主国也有顾问和游说家，所作所为和君主的宠臣及谄媚者是一样的，而且他们的人数远比君主身边的宠臣和谄媚者为多。

君主私人利益与公共利益、自然人格和公共人格的同一还有其他优势。比如，君主不可能由于嫉妒和利益而自己反对自己，但贵族会议或者民主会议却会如此，“甚至达到可以引起内战的程度”。[2] 君主的决断除了受人性本身朝三暮四的特点的影响外，不会像贵族会议或民主会议那样经常前后不一。君主可以随时随地听取任何人的建议，还能保守秘密，而贵族会议或民主会议却很难做到这些。

但是，君主国有一个免不了的弊端，那就是主权可能传到一个婴儿或者一个白痴手中，这就需要

---

〔1〕［英］霍布斯:《利维坦》19.4，第144页。

〔2〕［英］霍布斯:《利维坦》19.7，第145页。

由某人或一个多人组成的会议来做君主的监护人和保护者，以君主的名义来行使权力。霍布斯认为，这种情况下因为自然人格和公共人格不一而产生弊端，不能归咎于君主国本身，而要归咎于这些监护人和保护者的“野心和他们对于自身义务的无知”。[1] 另外，君主的自然人格和公共人格的同一是常规，这种情形不过是例外，而在贵族国和民主国中，主权代表者的自然人格和公共人格的分裂则是常态。除此之外，贵族国和民主国遇到重大的内忧外患的时候，同样也需要独裁者或保护人做临时的君主，这和君主是一个婴儿或者白痴需要监护人和保护者是同样的道理。所以说，君主国主权传到一个婴儿或白痴手中引起的主权者自然人格和公共人格的不统一问题，并不是君主国特有的。

代表制是不在场的政治。霍布斯偏爱君主制的真正理由在于，代表制下的君主制，一方面可以通过人与公民的分离，即人的自然人格和人造人格的分离，保证进入公民状态的人，可以致力于积极的自我保存即谋生；另一方面又可以诉诸君主私人利益与共同利益、个人人格与公共人格的同一，保证主权的始终在场，保证公民这种一心一意致力于谋生的生活不被打断。

当然，霍布斯的理论也不能否认君主主权可以

〔1〕［英］霍布斯：《利维坦》19.9，第146页。

变为贵族主权或者人民主权——只要主权的转移是主权者自己同意的就可以。光荣革命后，君主的主权受到限制，这时君主就不再是主权代表者了，主权就从君主转移到议会（在英国是“王在议会”）那里去了，君主主权就变成了议会主权。按照霍布斯的定义，这时的英国就变成了一个贵族国。贵族国当然还可以再变为民主国。不过这时候，霍布斯的《利维坦》所放逐的民主，又像一个幽灵回到与代表制的搏斗中。代表制民主国的政治，将是不在场的政治和在场的政治的持续博弈。

下编　代表制在美国

第四章

历史与自然：《独立宣言》中的自然权利论

美国政制肇始于美国独立。在1776年独立之前，不存在美国政制。北美殖民地与其母国——英国之间的政制争议，一直是在英国政制的框架下进行的。1776年《独立宣言》诉诸自然权利论，宣布了与母国的决裂，标志着美国政制的开端。但自然权利论的引入并没有割断美国本土的历史羁绊，南方的种族奴隶制始终是贯穿美国政制的难题。

一、独立之前的实质代表制和历史权利论

1763年，随着“七年战争”的结束，英、法、西班牙在北美长达百年的殖民竞争终于告一段落，“法国退出了竞争，西班牙割让了佛罗里达，英国成

了无可争议的霸主”。[1] 但“得之东篱、失之桑榆”，仅仅13年后，英国在北美的这一番霸业就随着英属殖民地的独立而付诸东流了。

英国在“七年战争”中的胜利带来了两方面的后果。一方面，对殖民地来说，法国和西班牙的势力衰落，印第安人的威胁减轻，“母国的保护不再具有关键性的意义”。[2] 另一方面，由于战争造成的财政困难却需要向殖民地收税来分担，这又加强了殖民地和英国之间离心离德的倾向。

从1764年《糖税法》开始，英国议会陆续颁布了《印花税法》(1765)、《汤森税法》(1767)、《茶税法》(1773) 等一系列税收法令，试图向殖民地征税。这些措施无一例外都失败了，《茶税法》更是激起了“波士顿倾茶事件”，英国议会下重手弹压，于1774年颁布《波士顿港口条例》《马萨诸塞政府条例》《司法管理条例》《驻军条例》等高压法令，终于，莱克星顿和康科德的枪声响起，殖民地反抗母国的独立战争爆发。

在最终的武力对抗发生之前，殖民地和母国也曾经尝试在大英帝国既有的宪政框架下解决问题，这突出表现在围绕英国议会法案而发生的实质代表

---

〔1〕 李剑鸣:《美国的奠基时代（1585-1775)》(修订版)，中国人民大学出版社2011年版，第440页。

〔2〕 李剑鸣:《美国的奠基时代（1585-1775)》(修订版)，第445页。

制之争。

英国13个北美殖民地的内部税负向来很轻，只占殖民地人均收入的1.5%，远低于英国国内5%-7.5%的水平。但因为英国议会中并没有殖民地人的代表，殖民地人首先诉诸英国从中世纪就遗留下来的"无代表不纳税"的宪制原理，对英国议会的税收法令提出挑战。托马斯·哈奇森说："殖民地人士要求有制定法律的权力，有未经其代表同意不得纳税的权利。"[1]

对于"无代表不纳税"这一原理本身，英国方面并无异议，但其认为应当按照"实质代表"（Virtual Representation）理论来理解。英国下院议员索姆·詹宁斯在一本广泛流传于英格兰的小册子中指出，英国本土就有许多地方，如曼彻斯特，在英国议会中没有席位，也一样被征税；波士顿和英国的这些地方一样其实是被"实质性地"代表着。[2]

对此，马里兰的丹尼尔·杜拉尼在《论为增加岁人由国会立法向英国殖民地征税是否正当》中进行了反驳。他认为，"实质代表"理论的前提是代表者和被代表者在利益上一致。在大不列颠，"无选举权者、有选举权者和代表者们（的利益）个别地来

〔1〕［美］卡尔·贝克尔：《论〈独立宣言〉》，彭刚译，江苏教育出版社2005年版，第54页。

〔2〕［美］卡尔·贝克尔：《论〈独立宣言〉》，彭刚译，第56页。

说乃是一致的，更不用说他们有着邻居和亲友之间的往来联系。没有选举权的人们能够信心十足地反抗压迫，那是因为对他们的压迫同样会落到有选举权者和代表们的身上……在这种体制下，我们可以合理地假设有一种双重的或实质性的代表制”。但是，“在有选举权的英国人和殖民地居民之间并不存在那种紧密而不可分割的联系，而要向两者同样地征税，这样的联系必不可少。相反，在美洲的征税不会直接影响到任何一个有选举权的英国人……甚至于极端的压迫性和破坏性的法令，在英国也可能大受欢迎，因为人们会期待着它在使殖民地遭受损失的时候，却能给大不列颠的居民们带来安逸的享受”。[1]

关于“实质代表”理论的这种争论实际上已经表明，因为大西洋两岸人民的利益是如此不同甚至相反，即使殖民地向英国议会选派代表，也无济于事。1766年3月13日，《宾夕法尼亚日报》刊登了一份读者来信，指出，即使殖民地的“绅士”能够参加英国议会，也不会给殖民地带来什么好处，因为殖民地议员总归是少数，不可能支配议会的决策，而且殖民地没有贵族，只能参加下院，无法对上院施加影响。由于隔着重洋，久而久之，殖民地的代

〔1〕 转引自［美］卡尔·贝克尔：《论〈独立宣言〉》，彭刚译，第54页。

表还有可能受到腐败的诱惑,“甚至和英国议员联手制定压迫殖民地的政策,现在殖民地所享有的立法权也会随之终结,最终英国议会就会支配一切,而殖民地居民连抗议的理由也没有了”。[1] 这表明,殖民地和母国之间利益的冲突和对立,已经使殖民地不可能接受在英国议会代表制的框架下解决问题了。

殖民地人否认英国议会能够制定法律约束他们,认为只有殖民地自己的立法机关能够代表他们,那么,殖民地立法机关和母国立法机关之间究竟是一种什么样的关系?是上下级,还是权限有别?比如英国议会只能制定外部税(如关税)法令管理贸易,而增加岁入的内部税法令只能由殖民地立法机关制定?1768年,富兰克林在考察了其他人在这个问题上的种种说法之后得出了这样的结论:“关于这个问题我阅读得越多,思考得越多,我就越坚定地意识到,不可能采取任何折衷的立场……两个极端之间二者必取其一:要么议会有权为我们制定**一切**法律,要么它根本就**无**权为我们制定任何法律。……殖民地就是许多个单独的国家,只是臣服于同一个国王而已,正如英格兰和苏格兰统一之前的情

[1] 李剑鸣:《美国的奠基时代(1585-1775)》(修订版),中国人民大学出版社2011年版,第470页。

形一样。”〔1〕

显然，富兰克林要的不是殖民地作为曼彻斯特那样的“地区”，在一个“国家”内平等的权利，而是作为英格兰或者苏格兰（而且是1707年统一之前的英格兰或者苏格兰）那样的“国家”，在一个“帝国”内平等的权利。英国议会只能为大不列颠立法，不能为殖民地立法，殖民地不臣服于英国议会，只臣服于英国国王——帝国的首脑。

1770年，富兰克林进一步明确地表述了这一认识：“殖民地原来乃是不同的**国家**，而且将来也是如此，这是我在透彻地研究了他们最初所获的特许状，以及英王和英国直至复辟时期为止对他们的全部所作所为后得到的清楚的结论。自复辟以来，国会僭取了此前它所没有的为他们制订法律的权力。有一段时间，我们屈从于那一僭取的权力，部分是由于我们的无知和疏忽，部分是由于我们的软弱和无力抗争。我希望，当我们的权利在这里（英国）得到更好的理解时，我们将以慎重而合宜的举措，从英国的公正中重新获得这些权利。与此同时，我希望诸如议会的至上权威、我们的国会次于议会此类的说法……不再出现在我们的公共读物上。对这些说法我可不敢恭维，它们只会使国王治下的某一部分

〔1〕 转引自［美］卡尔·贝克尔：《论〈独立宣言〉》，彭刚译，第65-66页。

疆土上的臣民声称对于另一部分疆土上的臣民具有统治权，而就其实而言，他们并无此等权利，他们所声称的只是以僭权为基础的。这些国家有着平等的权利和自由，而且它们之间的联系在一起的方式正如统一之前的英格兰和苏格兰一样，仅只在于它们有着同一个统治者即国王。”〔1〕

1774年，杰斐逊在《英属美利坚权利概览》中，把殖民地只服从英国国王、而不服从英国议会这一点建立在所谓“移居权”的理论基础上。他说，必须要使英国国王知道，“我们的祖先，在他们移民来美之前，是欧洲英国领土上的自由居民，并且享有自然赋予一切人的离开自己的国家（他之生活在这个国家不是出于自己的选择，而是由于偶然的机会）和寻求新的住处并且在那里建立新社会（其法律和规章在他们看来最能促进公众幸福）的权利。”杰斐逊还认为，殖民地人祖先所享有的这项“移居权”，最先来自从北欧移居不列颠的撒克逊人。“他们的撒克逊祖先在这个普遍的法则下以同样的方式离开了他们的北欧故乡的原野森林，占有了人烟稀少的不列颠岛，并且在那里建立了长期以来就是那个国家的光荣和保障的法律体系。而且他们所离开的那个母国也没有向他们提出恢复对他们的

〔1〕转引自［美］卡尔·贝克尔：《论〈独立宣言〉》，彭刚译，第66-67页。

统治的要求；而假如提出这样一个要求，相信陛下在大不列颠的臣民，由于坚信自己的权利来自祖先，也不会使他们国家的主权在这样虚幻的要求面前低头。而且我们认为没有发生任何情况足以使得英国移出与撒克逊移出有什么重要区别。”杰斐逊和富兰克林一样，提出大西洋两岸共同拥戴英国国王，建立大西洋帝国宪政来处理两岸之间的关系。“移民们认为自己应该采用他们过去在母国生活于其下的那套法律体系，而且继续与它联合；拥戴一个共同君主，这位君主因而也就成为连接这样新近增大的帝国的不同部分的中央环节。”〔1〕

杰斐逊将英属美利坚权利一直追溯到撒克逊时代的做法，无疑是非常辉格党式的，但却和英国本土辉格党人的主张凿枘不投。原因无他，经过光荣革命后一个多世纪的宪政变迁，英国本土的辉格党人已经不能接受一个高居于议会之上的国王了，国王只能在议会之内，而不能在议会之上。

1774年4月19日，埃德蒙·伯克这位辉格党人在英国议会下院发表著名的《论课税于美洲的演讲》，提出可以按照大西洋帝国的宪制来解决问题。帝国之下，各省级立法机构平等。但是，代表帝国

〔1〕［美］杰斐逊：《杰斐逊集》（上），彼得森注释编辑，刘祚昌、邓红风译，生活·读书·新知三联书店1993年版，第111－112页。

的仍然是大不列颠议会，而不是富兰克林和杰斐逊所设想的国王。他说："我认为，大不列颠的帝国之权利，与殖民地人在此权利下应享有的特权，是天下最相浃洽的两件事。大不列颠议会是以两种身份，位居于辽阔的帝国之首的。作为本岛的地方立法机构，它仅仅借助于行政权力这一工具，而直接为国内的事务制定政策。它的另一种身份，窃以为高贵于上者，我称之为**帝国的身份**；在这一身份下，她宛如天上的主神那样，监督着所有次一级的立法机构，指导它们，控制它们，却不吞灭它们。所有省级的立法机构，由于地位是同等的，相互间并无高低之分，故都应该从属于它；否则相互之间，既无法保持和平，无法指望以公平相待，亦无法有效地提供援助。她必须有至高的统治权，去制服玩忽为心者，约束性格暴烈者，扶持贫弱者。"〔1〕

大西洋两岸的辉格党人都指望英国宪政解决问题。但是，富兰克林、杰斐逊所设想的那个英国宪政只存在于光荣革命之前。对于英国人来说，"给定1775年的大不列颠宪政和光荣革命的遗产，不仅仅

〔1〕［英］柏克：《美洲三书》，缪哲译，商务印书馆2003年版，第63–64页。伯克口中的"她必须有至高的统治权，去制服玩忽为心者，约束性格暴烈者，扶持贫弱者"，典出自古罗马史诗《埃涅阿斯记》（参见［古罗马］维吉尔：《埃涅阿斯纪》，杨周翰译，译林出版社1999年版，第170页），是埃涅阿斯的父亲安奇塞斯的亡灵带着他漫游了地狱之后，向这位罗马城未来的创立者传授的帝国统治的奥秘。

是要在议会至上和美洲立法权自主之间做出选择，还要在议会至上和国王的特权之间做出选择。如果通过给殖民议会以立法的至上权以及限制英国议会的帝国立法权来分割主权，一个潜在的权力范围就创造出来了，国王就会去填补它”。[1] 而这或许意味着对光荣革命的再复辟。

那时的英国国王乔治三世，比 19 世纪的维多利亚女王或者 20 世纪的乔治五世、伊丽莎白女王拥有更大的权力。1770 年出任英国首相的诺斯勋爵，就是乔治三世的亲信。如果采纳殖民地人的主张，使国王成为联系帝国各部分的枢纽，随着国王在帝国事务上的地位加强，他在大不列颠内部事务上的影响力也会不可避免地增强，光荣革命后的所建立“王在议会”的宪政成果就可能丧失。“只有到 19 世纪《改革法案》以后，王室的特权终于衰落，英国人所谓的责任政府建立起来，由政党来选择国家领导人，国王退出政治舞台，帝国内各自治单位效忠于女王在宪政上才变得可能了。”[2] 而在 18 世纪，英国人在维系大西洋帝国还是坚守光荣革命的遗产之前只能做出非此即彼的选择，他们选择了后者。“帝国被放弃了，制度的稳定被保住了。……罗

[1] John Phillip Reid, *Constitutional History of the American Revolution: The Authority of Law*, Madison, Wis: University of Wisconsin Press, 1993, p. 172.

[2] Ibid.

马人让自己的帝国吞没了自己，而不列颠人绝没有犯下这个错误。”〔1〕

二、《独立宣言》中的自然权利论

随着在英国宪制的框架内解决争端的可能性逐渐丧失，革命或者独立逐渐变得不可避免。对于殖民地人来说，“他们本来想来一场复辟，挽救古典自由，却演变为一场革命。他们关于英国宪法、英国人的权利、殖民政府形式的思想和理论，则随着《独立宣言》而告终”。〔2〕革命区别于叛乱、造反之处，就在于革命意味着新的政治原则的确立。〔3〕在美利坚，1776 年杰斐逊起草、大陆会议通过的《独立宣言》集中阐述了这一新的政治原则。

按照卡尔·贝克尔的说法，《独立宣言》有两个历史前提，一个是自然权利的哲学，另一个是关于大英帝国的理论。〔4〕前者体现在以“我们认为这

〔1〕［美］波考克：《1776 年，反抗议会的革命》，载波考克：《德行、商业和历史》，冯克利译，生活·读书·新知三联书店 2012 年版。

〔2〕［美］汉娜·阿伦特：《论革命》，陈周旺译，译林出版社 2007 年版，第 33 页。

〔3〕同上，第一章。

〔4〕［美］卡尔·贝克尔：《论〈独立宣言〉》，彭刚译，江苏教育出版社 2005 年版。

些真理是自明的……”开头的那一段著名的话中，后者则体现在对“当今大不列颠国王”的十九条指控中。麦基尔韦恩认为，《独立宣言》的真正政治原则是前者而非后者：“《独立宣言》和以前的文件根本不同。它发出的不满针对的是国王而非议会，这还是第一次。它说话的对象是整个世界而非大不列颠，抗议的理由自然就是这个世界能理解的（这个世界对英国宪制所知甚少，更不要说上心了）。《独立宣言》的基础是自然法而不是英帝国的宪制。”[1]

但从《独立宣言》本身的结构看，对后世影响最大的前者不过是这份文件的序言部分，文件的主体部分，占更大篇幅的是对乔治三世的指控，也许在当时意义更大，却被后世遗忘了。说《独立宣言》的基础是自然权利理论并不错，但是，这种理论对殖民地究竟带来了什么样的后果，却需要到文件的主体部分去寻找。

我们仔细分析一下《独立宣言》的主体部分，

〔1〕 Charles Howard McIlwain, *The American Revolution: A Constitutional Interpretation*, Ithaca, N. Y: Great Seal Books, 1958, p. 192.

也就是对乔治三世的十九条指控：[1]

(1) 他拒绝批准那些对公众福利最为完善而必需的法律。

(2) 他禁止他的总督们批准那些紧急而迫切需要的法律，除非这些法律在征得他的同意以前暂不生效，而在此期间，他又对之完全漠视。

(3) 他拒绝通过其他把大片地区向人民开放的法律，除非这些人民放弃在立法机构中的代表权，这项权利对人民而言其意义无可估量，唯有对于暴君而言才是可怕的。

(4) 他把各立法机构召集到人们很少光顾、极不舒适而又远离公文保存地的地方开会，唯一的目的就是使得他们疲惫不堪而只能任他摆布。

(5) 他屡次解散代表机构，只因为他们坚定地反对他侵犯人民的权利。

---

〔1〕 以下《独立宣言》的译文（包括定本和杰斐逊的草稿），均参见［美］卡尔·贝克尔：《论〈独立宣言〉》，彭刚译，第113-125页，引文略有改动。《独立宣言》的版本考订，除贝克尔书外，还可参见 Julian P. Boyd, *The Declaration of Independence the Evolution of the Text*, Rev. ed. Charlottesville: International Center for Jefferson Studies at Monticello in Association with the Library of Congress, 1999; Pauline Maier, *American Scripture: Making the Declaration of Independence*, Knopf Doubleday Publishing Group, 2012, pp. 235-241.

(6) 他在这样解散代表机构之后，又长时期地不让人民另行选举；而立法权是不容破坏的，它重新回到人民手中为人民所用；而与此同时，各州却一直面临着外来的侵略和内部颠覆的危险。

(7) 他力图阻止各州人口的增加；为此他对有关外国人归化的法案设置障碍；他还拒绝批准其他鼓励外国人移民的法案，并且提高了新的分配土地的条件。

(8) 他拒绝批准设置司法机构的法律，借此阻止司法行政。

(9) 他使法官的任期及其薪金的数额和支取都取决于他个人的意志。

(10) 他新设置了大量的官职，派遣大批官员来滋扰我们的人民，吞噬他们的财富。

(11) 他未经我们立法机构的同意，于和平时期在我们中间设立常备军。

(12) 他使军队独立并凌驾于民政机构之上。

(13) 他伙同别人使我们受制于异于我们的宪法而又未经我们的法律承认的管辖权之下，并批准他们那些假冒的立法行为：(a) 在我们中间驻扎大量的部队；(b) 在这些军队犯了杀人罪时，以欺骗性的审判使之免于我们各州居民理当对其进行的惩罚；(c) 切断我们与世界各地的贸易；(d) 未经我们的同意就向我们强迫征税；(e) 在许多案件中剥夺了我们由陪审团审理的权益；(f) 以无中生有的罪名把我们押解到海外审判；(g) 在一个邻近的地区废除了保障自由的英吉利的法律体系，在那里建立了一个专制的政府并不断地扩大它的疆域，使之在把同样的专制统治强加于我们的殖民地时，能立即成为一个样板和合适的工具；(h) 剥夺了我们的宪章，废除了我们最珍爱的法律，从根本上改变了我们的政府形式；(i) 把我们的立法机关悬置起来，声称他们的立法机关无论在何种情况下都有权力为我们立法。

(14) 他宣称我们不受他的保护并对我们发动战争，因而他就放弃了在这里的政府。

(15) 他劫掠我们的海船，骚扰我们的沿海地区，焚毁我们的城镇，残害我们人民的生命。

(16) 他此刻正在调动大量的外国雇佣军来杀害和荼毒我们，并建立暴政，他一开始就显示出来的残忍和背信弃义，即使在人类最野蛮的时代也罕有其匹，更非一个文明国家的元首之所为。

(17) 他强迫我们那些在公海上被俘的同胞公民们 (fellow-citizens) 拿起武器反抗他们自己

的国家，去屠杀他们的朋友和同胞，或者被他们的朋友和同胞杀戮。

(18) 他在我们中间煽动内乱，并且鼓动残忍的印第安野蛮人攻击我们的边界居民，而那些野蛮人的战争规则是不分男女老幼和情形，一概予以杀戮。

(19) 在这些压迫的每个阶段，我们都曾用最谦卑的语词请愿改变，可是我们三番五次的请愿得到的只是接二连三的伤害。而当一个君主的所作所为都显示出他不过是一个暴君时，就不堪再做一个自由民族的统治者。

这十九条指控可以分成四个部分。其中第 1-12 条为第一部分，主要是乔治三世滥用国王的执政权 (executive power) 的事例；第 13 条为第二部分，指控乔治三世伙同英国议会[1]为殖民地立法，并批准这些立法的事例，大都是 1764 年之后，尤其是 1774 年英国议会颁布高压法例的例子；第三部分包括 14-18 条，列举了乔治三世对殖民地犯下的战争罪行，最后一条为第四部分，指责乔治三世对殖民地的请愿 (petition) 置之不理，同时得出结论：乔治三世是一个暴君，不堪再做一个自由民族的统治者。

---

〔1〕 文中刻意地没有出现“议会”的字眼，只以“他人”代替，以表明不承认英国议会的管辖权。

这些指控的大部分出现在1776年6月杰斐逊刚刚起草的《弗吉尼亚宪法草案》的序言中。然而，这个序言仍然诉诸"有益于人民权利的那些古代原则"，[1] 其指控乔治三世的行文方式，和1689英国光荣革命后《权利法案》指控詹姆斯二世的行文方式如出一辙。而《独立宣言》与《弗吉尼亚宪法草案》序言的不同之处，不仅仅在于《独立宣言》增添了一些乔治三世的罪名，[2] 更重要的，是《独立宣言》将这些指控的理论根据从"古代原则"变成一个完全现代的理论，这就是自然权利的理论：

> 我们认为这些真理是自明的：人人生而平等，他们从他们的造物主那里被赋予了某些不可转让的权利，其中包括生命、自由和追求幸福的权利。为了保障这些权利，才在人们之间成立了政府。政府的正当权力来自于被统治者的同意。无论何时当某一形式的政府变得是危害这一目的的，人民就有权改变或者废除它，并建立新的政府。新的政府应当建立在这样的

---

〔1〕［美］杰斐逊：《杰斐逊集》（上），彼得森注释编辑，刘祚昌、邓红风译，生活·读书·新知三联书店1993年版，第360页。

〔2〕比如第4条"把立法机构召集到不便之处开会"，其实发生在马萨诸塞，应该是根据亚当斯的主张加进去的。Pauline Maier, *American Scripture: Making the Declaration of Independence*, Knopf Doubleday Publishing Group, 2012, p. 110.

> 原则的基础上，并以这样的方式来组织它的权力机关，使得在人民看来那是最能够促进他们的安全和幸福的。

根据这个理论，人的权利不是来自祖先，而是来自上帝；殖民地从此不再从母国的历史中寻找自己权利的根据；其权利的内容也不用再受母国历史变迁的影响。在历史面前，殖民地永远是母国的后裔，但在上帝面前，美洲人和英国人却成为两个平起平坐的民族。值得注意的是，在当时的语境里，这里的“人人生而平等”（That all men are created equal）更多指的是世界各个民族（people），包括英、美两个民族之间的平等，而并不强调个体与个体之间的平等。《独立宣言》一开头讨论的是就是民族与民族之间的关系，而不是个人与个人之间的关系；《独立宣言》本来就是一个民族独立宣言，而不是个体独立宣言：

> 在人事的进程中，当一个民族（people）必须解除她与另一个民族的政治联系，而在世界列国中获得自然法和自然的上帝所赋予他们的独立而平等（separate and equal）的地位时，就有一种对人类意见的真诚尊重，要求他们把自己不得已而独立的原因宣告出来。

这句话隐含着历史和自然的对立。按照自然法，自然的上帝赋予各个民族以独立和平等的地位，在自然状态中所有的民族都是独立和平等的；但在历史（即“人事的进程”）中，不同的民族可能因为某种偶然原因结成某种可以解除的政治联系（political bands），当曾经的政治联系解除，不同的民族将依然回到独立、平等的自然状态中。

《独立宣言》的倒数第二段，简短地回顾了英、美两个民族之间的政治联系是怎样被英国方面单方面破坏的：

> 我们并没有忘记提醒我们的英国同胞们（brethren）。我们曾时时警告他们，他们的立法机关企图毫无根据地把管辖权延伸到我们身上。我们曾经提醒他们注意我们迁移和定居在这里的情况。我们曾经向他们那天生的正义感和慷慨精神呼吁过，也曾经恳求他们念在同文同种（common kindred）的渊源上，不承认这些必将损害我们的联系和交往的越权行为。他们却对来自正义和同一血缘（consanguinity）的呼声置若罔闻。因此，我们不得不宣布分离，并且把他们看作和别的人一样，与我们开战的是我们的敌人，与我们和平相处的是我们的朋友。

在杰斐逊的原稿中，这一段篇幅更长。[1] 对此前殖民地人和英国人在英国宪政框架下的所有宪政争议，比如“实质代表理论”、撒克逊迁居理论、只服从国王不服从议会的理论都有回顾。然而，杰斐逊强调，既然同文同种、共同血缘以及共同的迁移和定居的历史都没有让英国同胞改变他们立法机关的越权行为，美利坚民族就和英吉利民族就回到上帝创造他们时的自然状态中，和则为友、战则为敌，就像世界上任何两个没有历史渊源的民族一样。

用这种去历史的态度宣布美利坚民族独立于英吉利民族是无往而不利的，但却给《独立宣言》的写作带来了一个新的困难，那就是如何处理殖民地内部白人奴隶主（包括杰斐逊本人在内）与黑人奴隶之间的关系。在杰斐逊提交给大陆会议的《独立宣言》初稿中，陈述乔治三世的战争罪行的最后一条，也是最长的一条，是这样写的：

> 他向人性本身展开残忍的战争，剥夺了一个从未开罪过他的遥远的民族的最为神圣的生

[1] 杰斐逊在1821年的自传中说，由于在大陆会议上，“关于我们在英国有值得保持友好关系的朋友的优柔寡断的思想，仍萦绕在许多人的心头。由于这个原因，谴责英国人民的那些段落被删去，以免得罪他们”。[美] 杰斐逊：《杰斐逊集》（上），彼得森注释编辑，刘祚昌、邓红风译，第21页。

> 命和自由的权利，捕获和贩运他们到另一个半球为奴，或者使他们在转运过程中遭受悲惨的死亡。这种海盗式的战争，这种**异教徒**强权的可耻之事，正是大不列颠的**基督教**国王所发动的战争。他决心开放可以买卖**人**（MEN）的市场，他滥用否决权阻止任何力图禁止或限制这一令人憎恶的贸易的立法。大概是还不想让这许多的恐怖之事有个结局，他又鼓动这些人（people）拿起武器反抗我们，通过杀害那些**他**同样强迫过的人民来赎买他们被**他**剥夺了的自由。他就是这样，以迫使一些人剥夺另一些人**生命**的罪行，来偿还他从前剥夺这些人的**自由**的罪行。

大陆会议最后通过的版本中删除了这一条。杰斐逊1821年写作的《自传》中这样解释其中的原委："指责奴役非洲居民的条款也为了讨好南卡罗来纳及佐治亚而被删掉，因为他们不希望限制奴隶的进口，而且相反地仍希望把它继续下去。我相信我们的北方同胞对于这些谴责也很敏感，因为尽管他们的人民自己很少拥有奴隶，却运送大量奴隶到别人那里去。"[1]

---

〔1〕［美］杰斐逊：《杰斐逊集》（上），彼得森注释编辑，刘祚昌、邓红风译，第21页。

然而这只是删除的政治理由。杰斐逊没有说明的，是这一删除仍然有一个哲学上的理由。在杰斐逊此前不久刚刚起草的《弗吉尼亚宪法草案》的序言中，对乔治三世的这一条战争罪行是这样表述的：[1]

> 他煽动我们的黑人（negroes）进行武装叛乱，而他还随时非人道地使用否决权拒绝批准用法律禁止进口的，正是这些黑人。

这毫无违和感，因为这一宪法序言并没有诉诸自然权利的理论。根据历史权利观，拥有黑人无可指责，但煽动“我们的黑人”进行武装叛乱就是一种战争罪行了。

然而，当《独立宣言》把指控乔治三世的基础从历史权利观变为自然权利观的时候，乔治三世煽动黑人武装叛乱竟也具备了自然权利上的合法性，既然“人人生而平等，他们从他们的造物主那里被赋予了某些不可转让的权利，其中包括生命、自由和追求幸福的权利”，那么黑人也是人，当然也完全有自然权利反抗奴役，争取自由和平等。在自然权利论的观照下，说乔治三世以解放奴隶为诱饵鼓动

---

〔1〕［美］杰斐逊：《杰斐逊集》（上），彼得森注释编辑，刘祚昌、邓红风译，第359页。

黑人拿起武器反抗其主人，产生了一种奇特的修辞效果：好像乔治三世扮演了一个解放者的角色，和黑人站在一起，为了自由与殖民地的白人奴隶主而战。战争仍然发生在乔治三世和美洲人之前，但乔治三世的战争这时候却具备了自然权利上的正当性，黑人奴隶不再是他利用的战争工具，黑人拿起武器不仅仅是为乔治三世而战，也是在为自己而战，正像殖民地人也是在为自己而战一样。指控乔治三世的檄文同时变成对美洲白人的自我指控，如果说乔治三世对殖民地人犯下了自然权利上的战争罪行（剥夺生命），那么美洲白人也对黑人奴隶犯下了自然权利上的战争罪行（剥夺自由）。

不难想象，这一理论上的困难对杰斐逊造成了很大的困扰。对比《弗吉尼亚宪法草案》序言和《独立宣言》对乔治三世罪行的措辞，杰斐逊对这一条的修改幅度是最大的。

首先，在《独立宣言》中，他承认黑人也是一个民族（people），也拥有“神圣的生命和自由的权利”。《弗吉尼亚宪法草案》序言中对黑人的习惯蔑称“negroes”不见了，代之以《独立宣言》中统一的对人类的称呼：“民族”（people）和“人”（MEN），为了强调“人”不能作为货物买卖，还特意大写。

在《弗吉尼亚宪法草案》中，鼓动黑人拿起武器这项战争罪行排在乔治三世煽动“我们的同胞臣民”（fellow subject，指殖民地忠于母国的托利党人）造反之后，利用印第安人和外国雇佣军攻打“我们”之前，乔治三世的所有战争罪行都是在“他”和“我们”之间的战争中犯下的，黑人也好，托利党人也好，印第安人也好，外国雇佣军也好，都是乔治三世的战争工具；而在《独立宣言》中，黑人民族也成为战争的一方。杰斐逊将跨越大西洋的贩奴首先描述为一场乔治三世与黑人民族之间的“战争”，并且是乔治三世所犯战争罪行中最为严重的一种，是对“人性本身发起的残酷的战争”；而且这场战争也不符合基督教的精神，是一种异教徒的、海盗式的战争；其次，乔治三世曾经滥用国王的否决权，阻止殖民地立法机关禁止或者限制奴隶贸易的立法；最后，才是乔治三世鼓动黑人民族“拿起武器对抗我们”。

总之，在《弗吉尼亚宪法草案》序言中，指控的重点是乔治三世与殖民地人之间的战争，在《独立宣言》草稿中，乔治三世与黑人民族的战争成为重点。乔治三世通过贩奴战争剥夺了黑人的自由，这一罪行本来需要乔治三世来偿还，但乔治三世却一方面阻止殖民地人立法禁止或限制奴隶贸易（也就是禁止或阻止黑人获得自由），另一方面却鼓动黑人以剥夺殖民地人的生命权为代价获取自由。这就等于说，在乔治三世和黑人的战争中，殖民地人做了替罪羊，成了乔治三世的牺牲品。黑人本来可以通过合法的方式获得自由，现在却被迫通过夺取白人生命权的方式来获取自由，这一切都是乔治三世造成的。

但是，如果用自然权利理论来分析，在乔治三世—殖民地人—黑人这个三角关系中，其实存在着三重战争。在自然状态中，黑人也是人，也是一个与其他民族平等的民族，也拥有不可转让的生命、自由和追求幸福的权利，如果在人事的进程中，黑人不幸沦为白人的奴隶，那么，黑人奴隶和白人奴隶主之间也应该存在一场争取平等自由权利的战争，这场战争既不能够被黑人民族与乔治三世之间的战争代替，也不能够被殖民地人与乔治三世之间的战争代替。一旦使用自然权利的逻辑来重新看待乔治三世—殖民地人—黑人之间的关系，黑人民族也完全可以对白人民族发出以下的宣示，就像美利坚民族对英吉利民族所做的那样：

> 在人事的进程中，当一个民族必须解除她与另一个民族的政治联系，而在世界列国中获得自然法和自然的上帝所赋予他们的独立而平等的地位时，就有一种对人类意见的真诚尊重，要求他们把自己不得已而独立的原因宣告出来。

这种前景超出了大部分大陆会议成员所能接受的范围。在大陆会议最终通过的版本中，乔治三世与黑人之间的战争从他的战争罪行中被删除了。为了防止自己犯下的一项战争罪行被黑人指控，包括杰斐逊在内的白人奴隶主们放弃了对乔治三世这项战争罪行的指控。这种罪行，从自然权利的角度看去，的确如杰斐逊的原稿所写的那样，是向人性本身发起的残忍的战争。

同时被删除的，还包括杰斐逊原稿中倒数第三条战争罪行：

> 他以没收财产为诱饵，煽动我们的公民同胞（fellow citizens）叛乱。

同样的道理，如果以自然权利的观点看待政府和人民的关系，如同《独立宣言》的序言所论断的那样：

> 政府的正当权力来自于被统治者的同意。无论何时当某一形式的政府变得是危害这一目的的，人民就有权改变或者废除它，并建立新的政府。

不但英国政府的正当权力应当来自被统治者的

同意，殖民地政府的正当权力也应当来自被统治者的同意。那些居住在殖民地的托利党人，他们所同意的政府是母国政府，而不是殖民地政府。他们反对殖民地政府、支持母国政府的行为，就不能被当作叛乱。从自然权利的观点看去，殖民地人和英国政府之间的政治联系可以随人事的进程而解除，托利党人和殖民地政府之间的政治联系也可以随人事的进程而解除。在殖民地人决心解除与英国政府之间的政治联系的同时，他们也面临托利党人解除与他们政府的政治联系的问题。在非历史的自然权利观的观照之下，所有历史地形成的政治联系都变得岌岌可危了。

在大陆会议删除这两条战争罪行后，只有乔治三世那些违反国际法的行为才构成他真正的战争罪行：比如调动外国雇佣军、利用印第安人，以及强迫在公海上被俘的“公民同胞拿起武器反抗他们自己的国家”。这三种战争罪行的共同特点是它们违反了“文明交战的国际法”，是残忍而野蛮的：

> （16）他此刻正在调动大量的外国雇佣军来杀害和荼毒我们，并建立暴政，他一开始就显示出来的残忍和背信弃义，即使在人类最野蛮的时代也罕有其匹，更非一个文明国家的元首之所为。

(17) 他强迫我们那些在公海上被俘的同胞公民们 (fellow-citizens) 拿起武器反抗他们自己的国家，去屠杀他们的朋友和同胞，或者被他们的朋友和同胞杀戮。

(18) 他在我们中间煽动内乱，并且鼓动残忍的印第安野蛮人攻击我们的边界居民，而那些野蛮人的战争规则是不分男女老幼和情形，一概予以杀戮。

其中最野蛮的是印第安人的战争规则，这代替乔治三世对黑人的战争，成为他最大的战争罪行。次一等野蛮的是强迫公海上被俘的公民反抗其国家，再次一等的是利用外国雇佣军打仗。杰斐逊初稿中关于煽动黑人和公民同胞的内容不见了，只留下一句含混的表述“他在我们中间煽动内乱”，而叛乱的主体是谁却消失了。

三、美国宪法中消失的黑人民族

使用自然权利论作为新的美利坚宪政的基础，比起历史权利论，这对于殖民地摆脱英国历史的羁绊是非常有效的，但却由此带来了新的问题，那就是如何处理殖民地内部的各个民族和群体之间的关系。

首先是亲英分子或者托利党人。据估计，他们占白人人口的20%，大约五十万之众。英国战败之后，有3.5万人到4万人流亡到新斯科舍（Nova Scotia），1784年，这些人请求英国政府分割这块“新苏格兰”（Nova Scotia的字面意思为“新苏格兰”），建立了一个新的殖民地，取名新布伦兹维克，日后成为了加拿大的一部分，依旧处于大英帝国的统治之下。[1]

最麻烦的还是黑人。杰斐逊虽然在《独立宣言》中放弃了移居权理论，但终其一生，却念念不忘用“移居”或再殖民的方法解决黑人问题。他在1787年出版的《弗吉尼亚记事》中提出了这样一个方案：“奴隶在生下来之后继续和父母共同生活到一定年龄，过这个年龄之后，由公家出钱扶养，按照他们的天资教以耕种、技术或科学，妇女到18岁、男人到21岁就要被移民到就当时的条件而论最合适的地方去，在遣送他们时授以武器、家务用及手工艺用的工具、饲料、几对有用的家畜等等。宣布他们是自由而独立的人民，和他们建立同盟关系并且向他们提供保护，一直到他们强大时为止。……可能有人问：为什么不把黑人留在国内使他们加入白

〔1〕 Walter Berns, *Taking the Constitution Seriously*, Madison Books, 1991, pp. 32-33.

人社会，从而把用在移入白人以填补他们留下来的空间的费用省下来？白人抱有的根深蒂固的种族偏见，黑人对于他们所蒙受的伤害的数不清的回忆，新的挑衅，大自然所造成的真正的差别，以及许多其他情况，将把我们分成为党派，并且引起动乱，而这种动乱大概只能以不是这个种族就是那个种族的灭绝而结束。”〔1〕

近半个世纪之后，杰斐逊已近暮年，但他仍然没有放弃将黑人移居的设想，而此时美国的黑人奴隶已经达到一百五十万之众。1824 年 2 月 4 日，他在致贾瑞德·斯帕克斯的信中，提出两个合适的殖民目标，一个是非洲沿海的塞拉利昂或麦素拉多殖民地，一个是美洲加勒比海地区已经独立的黑人共和国圣多明各（即海地）。“在杰斐逊的心目中，殖民的道德必要性、有朝一日它必定会实现的必然性与他有关美国独立本身含义的理念无法摆脱地联系在了一起。黑人民族的最终独立将复制和完成美国的独立。两个民族都是英国专制主义的产物。”〔2〕

然而，杰斐逊的思路并没有得到现实政治的回应。对参加 1787 年宪法制宪会议的各方来说，黑人

---

〔1〕［美］杰斐逊：《杰斐逊集》（上），彼得森注释编辑，刘祚昌、邓红风译，第 21 页。

〔2〕［美］彼得·S. 奥鲁夫：《杰斐逊的帝国》，余华川译，华东师范大学出版社 2011 年版，第 174 页。

仅仅是他们讨价还价的筹码。奴隶邦不把黑人当人，但又希望用黑人的人口数为自己在众议院中争得更多的代表名额；自由邦说黑人是人，但又不甘心奴隶邦因此得到更多代表。于是最终通过的宪法文本是两者的折衷："众议员名额和直接税税额，在本联邦可包括的各州中，按照各自人口比例进行分配。各州人口数，按自由人总数加上所有其他人口的五分之三予以确定。"所谓"其他人口"其实就是奴隶，但其避免用"奴隶"的字眼，奴隶人口数最终打了个六折算进去了。这就是"五分之三条款"。这一条款连同另外两个涉及奴隶的条款——"进口奴隶条款"和"逃奴条款"，共同维系了美国内战前奴隶邦和自由邦之间脆弱的平衡。

1857 年，美国最高法院在斯考特案[1]中，判决黑人奴隶为财产，而不是宪法上的"人"，这标志着美国宪法中这一苦心维系了数十年的平衡走到了尽头。写下法庭意见的坦尼法官没有意识到，将黑人奴隶视为财产，对个别的白人奴隶主是有利的，但却削弱了南方奴隶州留在联邦内的理由。因为南方在众议院的代表权，正是建立在奴隶不完全是财产的基础上的，将奴隶完全视为财产，南方在联邦内的代表制基础便不存在了，联邦众议院、参议院、总统、最高法院，所有这些 1787 年宪法创造出来的

---

〔1〕 *Dred Scott v. Sandford*, 60 US 393 (Supreme Court 1857).

东西也就变得摇摇欲坠了。

和独立前的形势一样，宪政破产之处，战争成为解决问题的唯一方案。1863年，林肯在南北方刚刚厮杀过、留下七千多具尸体的葛底斯堡战场发表《葛底斯堡演说》，其开头说：“八十七年前，我们的国父在这块大陆上创建了一个新国家（nation），这个国家孕育于自由，致力于人人生而平等的信条。”《葛底斯堡演说》又一次将美国宪政的基础指向《独立宣言》的自然权利论。[1]林肯所说的“八十七年前”是指《独立宣言》通过的1776年，不是制定宪法的1787年。

内战后通过的第十三修正案终于废除了奴隶制，第十四修正案废除了五分之三条款，第十五修正案规定：“合众国公民的选举权，不得因种族、肤色或以前是奴隶而被合众国或任何一州加以拒绝或限制。”这些修正案的主旨，是排除奴隶制对政治代表制的影响，力图将政治代表制建立在《独立宣言》“人人生而平等”的基础上。

这里的“人人生而平等”的“人”，已经是个体的人。《独立宣言》中“民族”的维度，在美国宪政中消失了。杰斐逊在《弗吉尼亚记事》中所设想的将黑人培育为“一个独立而自由的民族”的前

[1] ［美］雅法：《自由的新生：林肯与内战的来临》，谭安奎译，赵雪纲校，华东师范大学出版社2008年版。

景从此成为空谷足音。政治代表制下的少数群体，如果仅仅被当作个体来看待，那么除非他们和多数有着同样的利益，或者他们自身能够团结起来，形成政治意志，否则就避免不了那种对于“分散而孤立的少数者的偏见”，因为这种偏见往往会“严重阻碍通常赖以保护少数者的政治过程的运作”。[1]

美国内战后，南方的种族奴隶制废除了，种族隔离制却随之建立。然而，无论是在奴隶制废除前后，还是在种族隔离制废除前后，黑人始终没有如同杰斐逊所希望的那样，发展为一个独立的政治民族。1954年，美国最高法院在布朗诉教育委员会一案中[2]宣布废除学校中的种族隔离。当时，1954年黑人儿童在南方白人中小学就读的比率是十万分之一，到了1964年，这一比例上升到2.3%。[3]《1964年民权法》通过，立法和行政分支采取强力措施介入，社会上民权运动兴起，这一比例才大幅度上升。随着这些措施的推进，一个独立的黑人民族的出现希望就更加渺茫了。因为从此之后，黑人在美国的平等，就只能体现为美国政治代表制下黑

〔1〕 *United States v. Carolene Products Co.*, 304 US 144 (Supreme Court 1938), footnote 4.

〔2〕 *Brown v. Board of Education*, 347 US 483 (Supreme Court 1954).

〔3〕 Gerald N. Rosenberg, *The Hollow Hope: Can Courts Bring About Social Change?*, Chicago: University of Chicago Press, 1993, p. 50.

人议员、黑人法官和黑人总统这些个体人士的成功了，黑人作为一个民族诉诸《独立宣言》的可能性，在美国将永不可能了。

第五章
费城制宪会议上的原则与妥协

严格说来，1776年《独立宣言》宣布独立是独立为13个“国家”（States），而不是一个“美国”。比如，在《独立宣言》中，这些国家是用复数指代的：

> 美利坚联盟的代表，趁此代表大会召开之际，向世界最高裁决者申述我们的正义目的，以这些殖民地善良人民的名义，得到他们的授权，庄严宣布：它们从此放弃对大不列颠国王的一切效忠，与大不列颠国家的一切政治联系，从此而且理应一刀两断；作为自由独立的国家（FREE AND INDEPENDENT STATES），它们（they）拥有宣战、媾和、结盟、通商，以及一切独立国家（States）享有的立法和行事的全权。[1]

---

〔1〕［美］汉密尔顿、麦迪逊、杰伊：《联邦论》，尹宣译，译林出版社2010年版，第612页。

到1777年《邦联条款》，各“国”仍保留大部主权。《邦联条款》第2条规定：“各国（state）保留自己的主权、自由和独立，以及没有在大会（Congress）上通过联盟（confederation）明确授予联合国家（United States）的每项权力、管辖权和权利。”当然，此时把state译为“邦”，把confederation译为邦联，把Articles of Confederation译为《邦联条款》，以区别于以前的“国”，也未尝不可。

1787年费城制宪会议上起草、1788年最终通过的美国宪法结束了《邦联条款》，建立了一个新的联盟，这个联盟被称为“美利坚合众国”（United States of America）。这次联合，联合的是众人，而不是众邦。宪法序言对这个新联盟的称呼是Union。从此，states也可以译为“州”，与合众国对应。

一、国会选举方案的妥协

费城制宪会议本来定于1787年5月14日召开，但到5月25日，出席的人数才达到代表7个邦的法定数目。除了宾夕法尼亚的代表外，来自弗吉尼亚的麦迪逊5月5日就到了，是最早到会的。当弗吉尼亚的其他代表于5月17日全部到齐后，他们利用其他邦代表姗姗来迟的空档，在麦迪逊会前思考的基础上，起草了一个方案，这就是5月29日由当时任弗吉尼亚邦长也是制宪会议代表的伦道夫向会议提出的十五点《弗吉尼亚方案》（The Virginia Plan）。

《弗吉尼亚方案》的要点是建立一个新的全国政府以代替当时的邦联政府。原《邦联条款》中的全国政府采取一院制，由各邦派代表组成，每邦代表不得少于2人，也不得多于7人，但无论多少，在决定邦联事务时，每邦都只有一个表决权。邦联大会每年开会不少于6个月，在休会期间，由其指定的“邦际委员会”（A Committee of the States）履行职责，邦际委员会由每邦一个代表组成，每邦也是一个表决权。邦联政府在邦联国会和邦际委员会之外，没有独立的行政机关和司法机关。

《弗吉尼亚方案》则在全国立法机关之外，又设立了全国行政机关和全国司法机关。全国立法机关采用两院制。第一院由各邦人民直接选举产生，第二院由各邦议会提名，由第一院选举。全国立法机关有权否定各邦的立法，对不履行《联邦条款》的邦，全国立法机关可以征召武装力量征讨之。[1]

《弗吉尼亚方案》对原来《邦联条款》最大的修改，是把原来“邦联国会由各邦派代表组成”改

〔1〕［美］麦迪逊：《辩论：美国制宪会议记录》（上册），尹宣译，辽宁教育出版社2003年版，第16-17页。以下简称《辩论》（上）。

为“由人民选举产生”。原来一邦一票的平等代表权，改为按各邦的自由人口或财政贡献比例分配。按自由人口分配，有利于人口较多的邦，按财政贡献分配，则有利于富裕的邦。至于改一院制为两院制，则和大多数邦的情形类似。在殖民地时期，十三个殖民地都是按照英国模式实行上下两院制；独立之后，只有宾夕法尼亚议会改为一院制。

在《弗吉尼亚方案》提出的第二天即5月30日，当会议讨论到改变《邦联条款》中每邦一个表决权的时候，特拉华代表里德提出推迟讨论，理由是特拉华邦议会的授权书不同意改变每邦平等表决权的规则；如果一定要改变，里德说特拉华代表团只好从制宪会议中撤出。这构成了制宪会议的第一次危机。但麦迪逊当天的笔记显得非常乐观：“改变议席分配的建议终将实现，因为，除特拉华外，其他的邦都没有出现反对意见。”〔1〕

6月9日，新泽西的两位代表布瑞利和佩特森都提出，如果按比例分配议席，各邦之间的悬殊将很大。当时还没有人口统计，布瑞利是拿各邦交给邦联的税款计算席位的。佩特森6月9日的记录里留下了这份计算表（见下表）。〔2〕 布瑞利说，如果按

〔1〕《辩论》（上），第26页。

〔2〕 Max Farrand (ed.), *The Records of the Federal Convention of 1787*, Vol. 1, Revised, Yale University Press, 1966, p. 190.

90 个议席计算，“弗吉尼亚就会分得 16 席，佐治亚则只有 1 席”。[1] 佩特森则声称，这样算下来，“弗吉尼亚、马萨诸塞、宾夕法尼亚是 3 个大邦，其他 10 个则是小邦”。[2]

邦	税额	代表数
弗吉尼亚	512 974	16
马萨诸塞	448 854	14
宾夕法尼亚	410 378	$12\frac{3}{4}$
马里兰	283 034	$8\frac{3}{4}$
康涅狄格	264 182	8
纽约	256 486	8
北卡罗来纳	218 012	$6\frac{3}{4}$
南卡罗来纳	192 366	6
新泽西	166 716	5
新罕布什尔	105 416	$3\frac{1}{4}$
罗德岛	64 636	2
特拉华	44 886	$1\frac{1}{4}$
佐治亚	32 060	1

〔1〕《辩论》（上），第 96 页，布瑞利的发言。

〔2〕《辩论》（上），第 97 页，佩特森的发言。

从6月11日涉及席位分配的几项动议的表决中可以看出（见下表），大邦和小邦的分歧已经显露出来。首先，对于立法机关第一院的席位按比例分配，当时已到会的11个邦中，赞成和反对的比例是7∶3。马里兰代表团内部分裂，赞成反对各半，没有得出结果；纽约邦代表团内，汉密尔顿虽然同意大邦的观点，但其他两名代表却与他意见相左；而佐治亚虽然是个小邦，但因为在西部占有大片领土，受到成为大邦的前景鼓舞，在制宪会议上一直和大邦一起投票；〔1〕至于这个按比例分配到底以何为标准，《弗吉尼亚方案》中设想的按财政贡献的比例分配被抛在一边，改成了按人口比例分配，也就是“按每邦全体白人和其他自由公民和居民的总数，不分年龄、性别、条件，包括那些受契约约束需服若干年劳役的人，和五分之三前文中没有提到的人，除去不纳税的印第安人”。这本来是邦联议会进行税收摊派而提出的一项标准，已经得到了11个邦的赞成，现在被挪用到这里。而对这项标准，9个邦赞成，只有新泽西和特拉华反对。

〔1〕［美］马克斯·法仑德：《设计宪法》，董成美译，上海三联书店2006年版，第86页。

	第一院实行某种平等比例代表制	“人口计算标准”	第二院每邦一席	第二院席位分配规则与第一院相同
弗吉尼亚	赞成	赞成	反对	赞成
马萨诸塞	赞成	赞成	反对	赞成
宾夕法尼亚	赞成	赞成	反对	赞成
马里兰	无	赞成	赞成	反对
康涅狄格	赞成	赞成	赞成	反对
纽约	反对	赞成	赞成	反对
北卡罗来纳	赞成	赞成	反对	赞成
南卡罗来纳	赞成	赞成	反对	赞成
新泽西	反对	反对	赞成	反对
新罕布什尔	未到	未到	未到	未到
罗德岛	未到	未到	未到	未到
特拉华	反对	反对	赞成	反对
佐治亚	赞成	赞成	反对	赞成
赞成票、反对票比例	7：3	9：2	5：6	6：5

大小邦之间最大的分歧集中在立法机关第二院的席位分配原则上。大邦反对每邦平等一席的方案，赞成按照与第一院相同的规则分配席位，但只有一票的优势。6月13日，建立在这一脆弱优势上的全

体委员会报告被提出来了，但被要求推迟讨论。

休会一天后，6月15日，新泽西代表佩特森提出了代表小邦立场的《新泽西方案》（The New Jersey Plan)。《新泽西方案》的主旨是修订《邦联条款》，而不是改变各邦平等代表权的现状。为此，《新泽西方案》不是另起炉灶，而是扩大邦联大会的权力。比如，授权邦联大会征收进口税，给邦联创造独立财政来源；在摊派款项的时候按各邦人口，而不是《邦联条款》中规定的按各邦全部土地价值分摊；选举一个多人组成的邦联行政部门，由邦联行政部门再任命一所最高法院作为邦联司法部门，这些都是原《邦联条款》中没有的。至于对拒不执行邦联大会通过的法案或条约的各邦，《新泽西方案》规定："邦联行政部门有权从联盟内各邦征集军队，根据需要，以武力使其服从这些方案，或遵守这些条约。"〔1〕

来自宾夕法尼亚的代表威尔逊总结了《弗吉尼亚方案》和《新泽西方案》的十四点不同之处。其中最重要的区别，在于"前者以人民为全国议会的基础，后者以各邦议会为全国议会的支柱"，"前者主张按人口分配席位，后者主张各邦表决权平等"。〔2〕在《弗吉尼亚方案》中，全国议会第一院

〔1〕《辩论》(上)，第125-127页。
〔2〕《辩论》(上)，第131页。

由人民直接授权，第二院由人民间接授权，各邦只享有提名权。而《新泽西方案》仍然坚持《邦联条款》中邦联国会由各邦授权、各邦投票权平等的现状。《新泽西方案》本质上仍然是一个改进版的《邦联条款》。

后来和麦迪逊一起撰写《联邦党人文集》的汉密尔顿，因为年轻（32 岁），也因为和纽约邦另两位代表意见相左，在会议上一直保持缄默。这时看到局势危急，不愿再袖手旁观，挺身而出反对新泽西方案，并提出了自己的制宪方案。6 月 19 日，麦迪逊对代表做了长篇说服工作，大会终于表决同意继续讨论 13 日被推迟在《弗吉尼亚方案》基础上形成的全体委员会报告，票数仍然是 7∶3——同 6 月 11 日就“比例代表制”投票时的票数一样，马里兰仍然内部分裂未投出票，除新泽西、特拉华、纽约反对外，其他邦都赞成。《新泽西方案》被搁置。制宪会议的第一个危机过去，会议转入第二阶段。

此后，会议讨论了全体委员会报告中的许多问题，虽然也取得一些进展，但根本问题仍然是全国议会第二院的席位分配问题。经过对这个问题几天毫无进展的讨论后，制宪会议最年长（时年 81 岁）的代表富兰克林，在 6 月 28 日提出一项动议：“从今天起开始祷告，祈求上帝协助，保佑我们的讨论，每天上午开始议事之前，先举行祈祷，聘请本城的一两位牧师，来主持祈祷仪式。”[1]

不知是否是富兰克林的动议起了作用，6月29日，来自康涅狄格邦的代表约翰逊，提出了后来达成妥协的方案基础，约翰逊说：“先生们立论的立场不同，这场争议将永无休止。一方认为，各邦是构成政治社会的人民的选区；另一方认为，各邦是多个政治社会。事实是，各邦确实以政治社会的形式存在，看看邦的政治能量，总体政府是要为各邦而组成，同时又要为组成邦的个人组成。……总的说来，在某些方面，应该从邦的政治能量来看待它们，在另外一些方面，邦应该被视为个人组成的选区，……与其让这两个方面相互对垒，不如把他们结合起来；一个院代表人民，另一个院代表各邦。”[2]

但到6月30日，就议会席位的分配问题，大会再次陷入僵局。来自新泽西的代表布瑞利动议，请会议主席给新罕布什尔的行政官写信，请他们立即派代表来（此时新罕布什尔和罗德岛的代表还没有到会）。布瑞利此举意图非常明显，新罕布什尔邦的人口较少，如果他们能来，反对按人口比例分配席位的力量便会多一票。

这时，来自特拉华的代表贝德福德发表了一番鲁莽的言论，他说：“大邦不敢解散邦联。如果它们

〔1〕《辩论》（上），第233页。
〔2〕《辩论》（上），第234-235页。

敢，小邦自会找到名声更好、信誉更好的外国盟友，它们会携手相待，公平相处。”〔1〕贝德福德的威胁表明，制宪会议又一次走到了破裂的边缘。

然而过了一个礼拜日，到7月2日，会议就第二院每邦是否有平等一席的动议表决的时候，戏剧性的一幕出现了。马里兰代表团在这个问题上意见不一，杰尼弗本来反对平等代表权，但那天早晨他迟到了，赞成平等代表权的路德·马丁一人为马里兰投赞成票。反对和赞成各是五票，剩下最后计票的佐治亚那一票就非常关键。佐治亚本来是反对平等代表权的，但那天四个代表中两个缺席，剩下豪斯通投了反对票，鲍德温却投了赞成票。原来鲍德温本人生于康涅狄格，同情小邦，也害怕不对小邦妥协造成会议破裂，就策略性地投了赞成票。这样佐治亚代表团赞成反对各半，等于没有结果。赞成票和反对票还是5∶5，双方平局，大会免于破裂，妥协的大门没有关上。随后，大会以9∶2的票数同意（新泽西和特拉华反对）设立一个每邦一人组成的十一人委员会继续工作，并投票选出了委员。然后休会庆祝独立日。

7月4日庆祝过独立日后，7月5日，十一人委员会提出报告，建议全国议会第一院按各邦每四万名居民产生一名代表、不足四万的邦也产生一名的

〔1〕《辩论》（上），第257页。

方案分配；第二院内，每邦席位平等。为进一步细化第一院代表的分配方案，7 月 6 日又产生了一个五人委员会，由宾夕法尼亚的古文诺·莫里斯、马萨诸塞的戈汉姆先生和金、弗吉尼亚的伦道夫、南卡罗来纳的拉特里奇组成。五人委员会于 7 月 9 日提出了报告，一是把全国议会第一院首届议员的名额直接分配给各邦；二是确定以后“根据各邦的财富和居民人数，决定议员人数”。

当被问到是按什么原则计算出席位的时候，五人委员会的戈汉姆说，总体指导原则是以黑人和白人的人口数，再加上一些对财产的估计。这表明，6 月 11 日被抛弃的按各邦财政贡献分配议员的原则，又改头换面地回来了。从戈汉姆 7 月 9 日和莫里斯 7 月 10 日的发言看，[1] 五人委员会考虑问题的出发点，是席位分配要解决大西洋沿岸各邦和西部各邦的冲突，即东西问题。“在殖民时期，由于人口增长，领地向落后地区发展，沿海岸保守派的经济利益集团，坚持要将政府控制在自己手中，并拒绝向人口众多而有资格分享政府权力的内地县区让步。在立法机关中不平等的代表权，以最明显的形式标明了这一点。最显著的便是宾夕法尼亚邦、弗吉尼亚邦及南北卡罗来纳邦。在制宪会议上，同样的利益集团，要求类似的限制。宾夕法尼亚邦与边疆各

[1] 《辩论》（上），第 290-291 页、第 301-302 页。

邦打交道的办法受到称许。由该邦较老的那些部分（指该邦沿海部分——引者注）掌权实际效果甚佳，因此有人就坚持，在合众国中，新邦不应在与老邦平等的基础上被接纳进来。"〔1〕五人委员会大概以为，全国立法机关面临的问题和他们在各自邦内面临的问题一样。

然而，7月9日的讨论表明，更大的冲突发生在南北之间，即奴隶邦和自由邦之间，而非东西之间，即老邦和新邦之间。特拉华的里德质问："佐治亚的居民人数低于特拉华，为什么给佐治亚2席?"莫里斯还以为这是老邦对新邦不满，他解释道："那个邦的人口增长很快，等到方案生效时，他可能已经具备2席的资格。"〔2〕

还是新泽西的佩特森把问题挑明了。他把怒火抛向弗吉尼亚。按照他6月11日的计算，弗吉尼亚的席位是新泽西的3倍，现在弗吉尼亚的席位仍然是新泽西的3倍。不过6月11日时，弗吉尼亚和新泽西是大邦和小邦的关系，7月9日，佩特森挑明这也是奴隶邦和自由邦的关系问题。他质问："弗吉尼亚的人是否拥有多少奴隶，就拥有相应比例的投票权?如果黑人在他们所属的邦里，没有议员代表

〔1〕［美］马克斯·法仑德：《设计宪法》，董成美译，第94页。

〔2〕《辩论》（上），第292页。

他们，为什么在总体政府中，又有议员代表他们？”他认为，黑人不能计算在人口之中，“黑人只能当做固定资产计算。黑人没有自由，没有个人的公民权利，没有获得固定资产的特权，相反，他们本身就是固定资产，与其他固定资产一样”。[1] 对于北部的自由邦而言，将黑人计算入人口基数，无疑将增加南部各邦在议会中的代表数。佩特森7月10日的笔记中留下了他当时使用的人口数据，其中，1783年新泽西的人口是139 000人，包括10 000黑人，而1774年弗吉尼亚的人口是650 000，包括300 000黑人。[2] 如果把黑人计算在内，弗吉尼亚的人口是新泽西的近4.68倍，但除去黑人，只算白人人口的话，弗吉尼亚的人口就只是新泽西的不到2.71倍。

佩特森进一步提出了一个代表制理论问题：“代表制的真正原则是什么？代表制基于方便原则，由人民选出一批人来开会议事，免去全体出席的不便。如果人民真的全体出席，奴隶有权投票吗？没有。可是，为什么又有人作为议员代表他们呢？”[3] 他还提出，把黑人计入人口，实际上是间接鼓励奴隶贸易。

面对这一沉重的指控，麦迪逊不得不承认佩特

---

〔1〕《辩论》（上），第292页。

〔2〕《辩论》（上），第300-301页。

〔3〕《辩论》（上），第292页。引文有改动。

森“抓住了代表制原则的精义”，但认为，根据这一原则，小邦就不应要求和大邦席位平等。他同意奴隶是固定资产的观点，只是认为对资产的代表要放到第二院去。“第一院的席位按各邦自由居民人数分配；第二院的主要目的之一，是保护固定资产，席位按全体人数分配，包括奴隶在内。”〔1〕他的提议得到了南卡罗来纳的巴特勒的热烈赞同。

随着第一院席位的分配变成南北之争，大会又组成一个十一人委员会讨论五人委员会报告，十一人委员会中每邦一名，南方的力量加强了。7月10日，十一人委员会提出了第一院首次会议时的议员人数分配方案，总人数为65人，具体分配见下表。〔2〕1787宪法的最终文本采用的就是这个分配方案。

邦	7月9日五人委员会方案	7月10日十一人委员会方案	1790年人口统计	
			人口数	黑人比例（%）
总计	56	65	3 929 214	19.3
新罕布什尔	2	3	141 885	0.6

〔1〕《辩论》（上），第293页。引文有改动。

〔2〕制宪大会时代表们对各邦的人口只有粗略、不完整的数据。表中1790年第一次人口统计数字来自王希：《原则与妥协：美国宪法的精神与实践》，北京大学出版社2000年版，第73页。

续表

邦	7月9日五人委员会方案	7月10日十一人委员会方案	1790年人口统计	
			人口数	黑人比例(%)
马萨诸塞	7	8	378 787	1.4
罗德岛	1	1	68 825	6.3
康涅狄格	4	5	237 946	2.3
纽约	5	6	340 120	7.6
新泽西	3	4	184 139	7.7
宾夕法尼亚	8	8	434 373	2.4
特拉华	1	1	59 096	21.6
马里兰	4	6	319 728	34.7
弗吉尼亚	9	10	691 737	44.2
北卡罗来纳	5	5	353 751	29.8
南卡罗来纳	5	5	249 073	43.7
佐治亚	2	3	82 548	35.4

7月10日，以南卡罗来纳为首，联合北卡罗来纳和佐治亚，频频发起动议，要求减少新罕布什尔的席位，增加北卡罗来纳、南卡罗来纳、佐治亚的席位，但无一例外都失败了。在投票中，弗吉尼亚不为所动，都是和北方各邦一起投票。7月11日，黑人和白人同等计算的提议只有南卡罗来纳、佐治亚、特拉华赞成，被大会以7：3否决，北卡罗来纳

的威廉森重新提出的黑人人口按五分之三计算的方案也被以 6∶4 否决。

7 月 12 日，宾夕法尼亚的莫里斯提出的直接税应该永远与各邦的席位成比例分配的提议得到了大会的一致赞同，为妥协奠定了基础。奴隶邦如果要把奴隶人口按五分之三计算以增加自己的议席，那么，在议席增加的同时，它所负担的直接税也增加了。这看起来很公平。北卡罗来纳的戴维认为，这是南方各邦的底线，不能再退了。他出语威胁，“若不把黑人至少按五分之三计算，北卡罗来纳绝不会按任何其他条件加入联邦”。[1] 到这一天结束的时候，黑人和白人同等计算的提案只有南卡罗来纳和佐治亚支持，特拉华退出；而黑人人口按五分之三的方案，在前一天康涅狄格、弗吉尼亚、北卡罗来纳、佐治亚四邦的基础上，又增加了宾夕法尼亚和马里兰两张赞成票，取得了 10 票中的 6 票，成为多数意见，奠定了美国宪法“五分之三条款”的基础。原来反对的马萨诸塞和南卡罗来纳都是内部分裂，赞成和反对各半，能投出票来的反对者只剩下特拉华和新泽西。

第一院的席位分配达成妥协后，第二院的席位平等问题的讨论也变得进展迅速。7 月 16 日就第二院席位平等表决，新泽西、特拉华、康涅狄格、马

---

〔1〕《辩论》(上)，第 316 页。

里兰、北卡罗来纳五邦赞成，宾夕法尼亚、弗吉尼亚、佐治亚、南卡罗来纳四邦反对，马萨诸塞代表赞成反对各半，大会以 5∶4 通过全体委员会报告，史家所称的“大妥协”达成了。根据麦迪逊的笔记，第二天，大邦的一些代表试图采取什么措施对付这个结果，但“提不出任何主张，也达不成任何一致”,〔1〕只好默认了。制宪会议最严重的分歧自此解决。

二、总统选举方案的妥协

费城制宪会议上最终确定的总统制也是妥协的结果。会议最初提出的《弗吉尼亚方案》对全国行政机关的设计是，先设立由两院组成的全国议会，然后全国议会选举全国行政官。〔2〕如果最后接受的是这个方案，美国将成为一个立法和行政一体的“威斯敏斯特模式”国家，而不是立法和行政分立的总统制国家。1787 年 6 月 15 日反映小邦立场的《新泽西方案》也提出，由联邦议会选举产生行政部门，只是该行政部门由多人组成。

在制宪会议第一阶段围绕《弗吉尼亚方案》的

〔1〕《辩论》(上)，第 343 页。
〔2〕《辩论》(上)，第 17 页。

讨论中，最大的分歧是全国行政官到底是由一人担任，还是多人担任。当会议第一次讨论到这个问题的时候，来自南卡罗来纳的平克尼说，他主张设立一位强有力的行政官，但又担心其权力过大，变成一个“选出来的君主”。[1] 根据麦迪逊的记载，在平克尼发言之后，会场出现了“一阵长时间的沉默”。[2] 这种沉默不是没有缘由的。在座的都清楚，如果未来全国政府设立一位行政官，那肯定非华盛顿莫属。而这时候华盛顿本人就在会场。担心一位强有力的行政官变成一个选出来的君主，无疑是说担心华盛顿本人变成国家的第一位君主。

当全体委员会主席戈汉姆询问是否要对设立一人行政官这一点进行表决时，会场上年龄最大、德高望重的富兰克林出言阻止，希望大家还是先把自己的想法说出来，再表决。

出人意料的是，坚决反对把行政权集于一人的却是宣读《弗吉尼亚方案》、当时正担任弗吉尼亚邦长的伦道夫。他认为行政权集于一人是“君主制的胚胎”，“行政部门应该独立，为了维护行政部门的独立，就应该由一人以上组成”。[3]

最支持设立一人行政官的是宾夕法尼亚代表威

[1] 《辩论》（上），第 34 页。
[2] 《辩论》（上），第 34 页。
[3] 《辩论》（上），第 36 页。

尔逊。威尔逊同时提出行政官由人民选举的方案。他希望，“不仅议会两院议员由人民选举，不受各邦议会的干扰，行政官的产生也应该如此；这样，行政部门既能与立法部门彼此独立，又能独立于各邦。”〔1〕第二天，威尔逊提出了他的具体方案。所谓由人民选举行政官并不是直选，而是先把各邦分为若干选区，选区内选出选举人，由选举人选出全国政府行政官，每邦选举人不得选举本邦成员，各邦也不能干预行政官的选举。显然，比起原始的《弗吉尼亚方案》，威尔逊的设计更接近 1787 年宪法最终的选择，但在这个阶段，他的方案被以 8∶2 的多数否决了，大会回到《弗吉尼亚方案》上。

就在这时，富兰克林提出了一个奇特的动议：全国行政官不领任何薪水。在长篇书面发言中，他明确提到了华盛顿是他心目中这位不领薪水的行政官的人选：“在我们的全体军官中，伟大而最重要的一位，我们军队的总司令，连起码的年薪也不要，执法率军达八年之久……”〔2〕富兰克林的动议只得到了汉密尔顿的附议，但却再一次把设计这一职位时无法忽略华盛顿的难题提了出来。

在这一阶段，由于还没有讨论到全国议会的席位问题，大邦、小邦的立场分化还不明显，但已经

---

〔1〕《辩论》（上），第 39 页。
〔2〕《辩论》（上），第 46 页。

显现出一些端倪。特拉华代表迪金森显然是担心由大邦垄断行政官人选，提出“应多数邦议会的要求，全国议会得罢免行政官”。[1] 这一提议得到了同是小邦的新泽西代表贝德福德的赞同，但麦迪逊、威尔逊等人马上出言反对，认为这样会使全国行政官的施政被各邦干扰。迪金森的动议也被以 9∶1 的悬殊票数否决。与此同时，来自边远南方的南卡罗来纳的代表却赞成设立一人行政官，其代表巴特勒认为，一人行政官最能回应边远地区的要求：“倘若设立一人，这个人就要对全局负责，不会偏向自己一隅的利益。倘若从几个地区挑选三人或三人以上，他们就会各为自己一隅的好处而争斗不休。”[2]

6 月 4 日，就是否设立一人行政官表决时，除纽约、特拉华、马里兰外，其他七邦都赞成。弗吉尼亚代表团的投票最有意思，麦迪逊的记录中特意指出，华盛顿本人投了赞成票。一人行政官是否会蜕变为君主制的担心并没有被消除。富兰克林说，他相信第一个被放在掌舵位置上的人（指华盛顿）会是个好人，今后的后继者会是怎样的人，就不知道了。对威尔逊和汉密尔顿提出的授予全国行政官对全国议会立法以无限否决权的提议，大会一致投票否决了。

---

〔1〕《辩论》（上），第 47 页。
〔2〕《辩论》（上），第 51 页。

此后，制宪会议转入讨论各邦在全国议会中的席位分配问题，大邦、小邦的联盟逐渐形成，6月15日，新泽西的佩特森提出了反映小邦立场的《新泽西方案》，纽约邦代表兰欣立即表示赞同。作为纽约邦最年轻代表的汉密尔顿实在无法忍受，于6月18日发表了长篇演说，反对《新泽西方案》，提出用全国政府取代各邦政府、用全国权力吞并各邦权力的激进制宪方案。《汉密尔顿制宪方案》中的全国行政官由人民通过选举人选举，行为良好可以继续任职，有权否定两院准备通过的一切法案，并拥有军事、外交、人事任免等大权。汉密尔顿眼中的行政官，是一个终身任职的君主，只不过是选举出来的。

在此前和以后的讨论中，很多代表都表达了对英国君主制的厌恶，汉密尔顿是少有的不讳言喜爱英国君主制的人。他说，在行政官问题上，“英国模式是唯一的好模式。国王的世袭利益，与国家的利益纵横交织，不可分割，他个人的收入如此巨大，使他高居于外国的贿赂之上，不为所动”。[1] 汉密尔顿对君主制的看法，和霍布斯不谋而合。在《弗吉尼亚方案》基础上形成的全体委员会报告中，行政官的任期为七年，汉密尔顿认为，任期七年不足以调动最好的公民来从事这项服务，行政官应该终

〔1〕《辩论》（上），第146页。

身任职才对。针对这样的行政官是一个选出来的君主的说法，汉密尔顿说，君主是一个不确定的术语，“如果我这个方案里的行政官是个终身任职的君主，那么，全体委员会报告设计的那个行政官，就是一个七年任职的君主”。[1] 他认为，“选出来的君主，如果能对他们加以护卫，抵制住由竞争者的野心和阴谋诡计激发的争权夺位，就是最好的君主”。[2] 汉密尔顿接着指出，罗马皇帝、波兰日耳曼帝国的君主，都是选举出来的。

“汉密尔顿方案”并没有得到制宪会议的讨论。但是，有了一个更为激进的版本作为对照，《弗吉尼亚方案》似乎显得不那么难以接受了。再经过 6 月 19 日麦迪逊的长篇说服工作，制宪会议终于抛弃了《新泽西方案》，重新回到《弗吉尼亚方案》上。

在 7 月 16 日全国议会席位分配上的大妥协达成之后，制宪会议在随后的十天时间里，又讨论了行政官的产生等问题。从表面看，十天的讨论毫无进展，开始讨论时其方案是设立全国行政官一人，由全国议会选举，任期七年，不得连任，十天之后仍然还是这样。但是，由于这时候全国议会的席位分配已定，比起原来的《弗吉尼亚方案》，小邦在未来全国议会第二院的力量增强了。这使得大邦的代

〔1〕《辩论》（上），第 147 页。
〔2〕《辩论》（上），第 148 页。

表开始考虑增加行政官对议会的独立性的方案。对大邦来说，由人民直接选举或通过选举人选举，比起全国议会选举行政官，都更有利些；如果不得不由全国议会选举，也要设法延长行政官的任期，或允许连任，终身任职也无不可，以免行政官看议会的眼色行事。对一些大邦代表来说，这时候对小邦控制全国议会的恐惧已经超过了对行政官变为君主的恐惧。宾夕法尼亚的古文诺·莫里斯指出："要想使行政官独立于议会，再没有什么别的路可走，要么，就实行行政官终身制，要么，就让人民选举，允许连任。"[1]

7月17日，古文诺·莫里斯提出，如果让全国议会选举行政官，就会被策划于密室的小团体和派别把持，建议行政官由公民直接选举，以增强行政官的独立性。来自小邦康涅狄格的谢尔曼马上指出，人民直接选举会使最大的邦获得最大机会，因为人民通常会把票投给本邦的一位人物。来自南卡罗来纳的平克尼也担心，如果由公民直选，人口最多的几个邦一联手就能达到目的。由人民直选的提议被9∶1的投票否决了，投赞成票的只有宾夕法尼亚。但随后，马里兰代表路德·马丁提出的由各邦议会推举选举人，再由选举人选举行政官的动议也被8∶2否决了，赞成者只有两个小邦即马里兰和特拉华。

---

〔1〕《辩论》（上），第371页。

过于照顾大邦立场和过于照顾小邦立场的方案都被否定，会议又一致同意回到由全国议会选举行政官的提法。

双方在选举方式上斗过一轮，没有进展，又转移到任期问题上。佐治亚一直和大邦一起投票，其代表豪斯通提议删去行政官不得连任的限制，以6∶4获得通过；弗吉尼亚代表麦克朗趁热打铁，提出干脆把任期七年改为行为良好继续任职，即实行行政官终身制。此时提出行政官终身制，和一个月以前即6月18日汉密尔顿以英国君主制为样板提出行政官终身制时的形势，已经大不相同。麦克朗的提议并没有获得通过，但麦迪逊在投票记录后添加了一个注释，他认为，从个人意见讲，主张行政官终身制的人不过三四个，他们是否最终会坚持也不得而知，这次投票并不是个人观点的表达，赞成行政官终身制的人也许只是不赞成行政官依赖于议会。麦迪逊写到："三个部门之间彼此尽量独立，最终向全社会的意志负责，看来得到普遍的承认，被视为结构良好的政府的真正基础。"[1] 如果麦迪逊的判断正确，那意味着大部分代表已经从对君主制的恐惧中走了出来，制宪会议开始从三权分立的角度看待行政官的独立。当然，并非人人如此。在麦克朗提出行政官终身制后，梅森表达了他的忧虑："实现

〔1〕《辩论》（上），第357页。

了终身制，再往下轻而易举走一步，就是世袭制。”[1]。但麦克朗说，他提案的目的并不是把君主制嫁接给共和政府，而是使行政官独立于议会。

麦迪逊从这时开始在发言中诉诸孟德斯鸠的三权分立理论。7 月 17 日，他说：“立法、行政、司法三权分开，是保护公民权利的基本要求；让三者相互独立，则是保证它们分开的基本要求。如果行政官要讨好议会才能再次当选，依赖心就会使行政官独立不起来。为什么对法官不采取这种反复选举的做法呢？因为，这会引诱法官到议会去耕耘人际关系，用不适当的手法讨好议员，结果，弄得议会既是法律的制定者，又是法律的解释者。据孟德斯鸠观察，议会可能制定暴虐的立法，用暴虐的方式施行。行政与司法，在某些方面构成类比。这两个部门的主要差别，有两方面：一、维护集合利益和安全的权力，属于行政的比属于司法的多；二、行使行政权，比行使司法权留给个人思考和意志的余地更大。如果第二点证明：在行政过程中，建立一套精确的规则，比在司法过程中更难，从而构成反对行政官终身制的理由，那么，两方面加起来就证明，行政权与立法权联合，比司法权与立法权联合，更加危险。……要想建立一个结构合理的共和国，

〔1〕《辩论》（上），第 356 页。

首先要把立法和行政分开，使它们相互独立。"[1] 麦迪逊这时的发言，与他日后在《联邦论》第51篇对三权分立的完整论述，已经相去不远。

8月6日，制宪会议在第二阶段讨论基础上形成了细节委员会报告（即宪法初稿）。其中确定未来的全国行政官将被称为"美利坚合众国总统"。8月20日，制宪会议将总统"由议会投票选举"修改为"由两院联合投票选举"。原来两院分别投票、参议院享有否决权的模式被推翻。这引起了一些小邦代表的不满。[2] 康涅狄格的谢尔曼认为，两院联合投票，"会剥夺参议院的平等否决权"。北卡罗来纳的戴顿认为，两院联合投票，"实际上是把选举总统的权力授予众议院"。[3] 新罕布什尔的朗东则赞成两院联合投票，他说："新罕布什尔采取两院分别投票的方式，事实证明困难很大。参议院的否决，会伤害众议院推选出来的人的情感。"[4] 虽然联合投票不利于作为小邦的新罕布什尔，但他还是赞成联合投票。麦迪逊说："如果联合投票，最大的邦所投的票数，与最小的邦所投的票数，比例也不过是四比

---

〔1〕《辩论》（上），第355页。

〔2〕［美］麦迪逊：《辩论：美国制宪会议记录》（下册），尹宣译，辽宁教育出版社2003年版，第604页。以下简称《辩论》（下）。

〔3〕《辩论》（下），第604页。

〔4〕《辩论》（下），第605页。

一。而最大邦的人口，则是最小邦的十倍。总统既然是为人民服务，而不是为邦效劳，四比一也不过分。”[1] 麦迪逊的算法是这样的，当时最大的邦是弗吉尼亚，第一届国会其在众议院的票数是10，加上参议院的2票，一共是12票，当时最小的邦是特拉华，其众议院票加上参议院票总数是3票，的确是4∶1。但说弗吉尼亚人口是特拉华的10倍，麦迪逊是把黑人人口也算在内了。联合投票的提议以10∶1通过，只有新泽西反对。

8月31日，包括总统选举在内的被推迟讨论的一系列问题被交给了每邦一人组成的十一人委员会。9月4日，委员会提出一个两阶段的选举方案。第一阶段，各邦议会指定选举人，选举人人数为该邦有资格产生的联邦参议员和众议员之和；选举人在各邦集合书面投票选举二人，至少一人不是本邦居民。第二阶段，各邦选举结果交到全国政府所在地参议院议长手中，参议院议长当众点票，得票最多且票数超过选举人半数者当选总统。如果得票过半数者不止一人且票数相等，则由参议院从得票最多的五个人中选出一人为总统。

这个方案保留了两院联合投票的票数分配方案，但为了避免串通舞弊的缺陷，又把以前曾经讨论过的选举人选举总统的办法找回来，让选举人在各邦

[1] 《辩论》（下），第605页。

分别投票。十一人委员会的成员、宾夕法尼亚的古文诺·莫里斯解释委员会的理由时说："让总统独立于议会，是绝对必需。由于选举人将在同一时间、在相隔十分遥远的不同地方投票，串通舞弊的巨大弊病就可以避免。要想拉拢腐蚀选举人也不可能。"[1] 两阶段选举法的第一阶段，从票数分配上讲，是照顾大邦利益的，为了平衡这一点，在第二阶段又增添了出现票数僵局时由参议院投票的方案。

多数代表对使用选举人在各邦投票以防止串通舞弊的设计表示欣赏，但很多大邦代表对选举将落到参议院手中表示担忧。经过两天的讨论，9 月 6 日，康涅狄格的谢尔曼提出，把参议院选举改为众议院选举，但每邦都只有一票。这个方案得到了十个邦的赞成，只有特拉华反对。至此，总统选举方案大局已定，再经过文字修改，最终成为 1787 年宪法的一部分。

三、法官选任方案的妥协

大邦和小邦的博弈也影响到全国司法部门的选任。本来，《弗吉尼亚方案》的设计是，全国司法部门由一所或几所最高法院和若干低一级的法院组

---

〔1〕《辩论》（下），第 669 页。

成，法官则由全国议会选举。6 月 13 日，大小邦的分歧还没有充分显现，会议一致同意麦迪逊的修改，将法官由全国议会选举改为由参议院选任。麦迪逊的理由是参议院人少，成员比较精干，更具备挑选法官的判断能力。

7 月 16 日“大妥协”达成后，7 月 18 日，马萨诸塞的戈汉姆提出，法官由行政官任命，听取第二院建议和认可。戈汉姆的建议得到了宾夕法尼亚的威尔逊和古文诺·莫里斯的赞同，但马里兰的路德·马丁、康涅狄格的谢尔曼、特拉华的贝德福德则极力反对。弗吉尼亚的伦道夫看出了这个问题涉及大小邦的博弈，他说：“原先决定把选任法官的权力授予第二院时，还没有决定每邦第二院中席位平等。”[1] 但他本人还是主张把法官的选任权交给第二院，他认为只要把参议员的投票都记录在案，参议院也可以体现个人责任感。弗吉尼亚的梅森提出，如果由行政官任命法官，那法官就不能审讯对行政官的弹劾案了。当天新泽西和佐治亚代表不在场，只有 8 个邦参加投票，投票的结果是，2 邦赞成，6 邦反对，行政官代替议会第二院任命法官的提议没有通过。戈汉姆转而提出，法官由行政官提名和任命，但需征求第二院的意见并取得认可，提名和任命之间要有若干天的间隔。戈汉姆说，这个模式在

〔1〕《辩论》（上），第 361 页。

马萨诸塞已经成功运行140年。原来反对的马里兰和弗吉尼亚态度转变，投票变成了4∶4平局。麦迪逊试图再努力一下，提出法官由行政官提名，如果在提名后若干天内得不到参议院三分之二议员的同意，不得任命。但这个动议被全体一致推迟了。

两天后的7月21日，当制宪会议回到这个问题上的时候，麦迪逊系统阐述了改变第二院选任法官方案的理由："与当初把法官任命的事交给第二院时相比，第二院的构成已经发生很大变化，现在，所有的邦在第二院中都有平等的表决权。处理其他事务时盛行的妥协原则，要求两个权威在法官任命问题上达成共识。一个权威代表人民的意见，一个权威代表各邦的意见。行政官将被视为全国性官员，采取行动时，要平等地顾及联邦的每个部分。如果第二院独享法官的选任权，即使得到多数邦的同意，法官也只代表人口中的少数。法官的司法，涉及人民，并不涉及各邦，因此，单独由第二院选任，就无法合理解释。而且，第二院单独选任，会使法官的选任完全落到北部各邦手中，就会形成一种固定的基础，不断引起南部各邦的不满与竞争。"〔1〕

从讨论看，麦迪逊实际提出了法官应该是全国性官员，从而应该由代表全国人民的行政官提名的观点并没有得到代表们的响应。这一天，7月18日

---

〔1〕《辩论》（上），第394页。引文有改动。

不在场的佐治亚州代表回到了会场，参与投票的一共有9个邦。7月18日赞成戈汉姆方案的马里兰也退缩了。7月21日，赞成麦迪逊方案只剩下宾夕法尼亚、弗吉尼亚两个大邦，以及最先提出改变第二院选任法官方案的北方邦马萨诸塞。大会以6：3的表决结果又回到了第二院选任法官的方案上。

法官选任问题最终是和总统选举问题一起妥协解决的。9月4日，由十一邦代表组成的十一人委员会在提出总统由各邦选举人选举、参议院复选的方案的同时，提出“总统咨询参议院并听取建议，提名和任命……最高法院法官”的方案，这实际上是回到了7月份由戈汉姆提出、麦迪逊论证的马萨诸塞模式上。但是随着总统选举方案的妥协，这一模式在9月7日表决时得到了全体一致的同意。再经过文字风格委员会的润色，最终成为1787年宪法的一部分。

四、制宪权妥协与宪定权妥协

如上所述，由于制宪的妥协性质，新宪法并没有将主权代表制的原理贯彻到底。保留参议院作为集体性质的各邦的代表，并赋予各邦平等代表权就是一例。但即使这样，联邦派仍然面临反联邦派说新宪法是各邦的合并（Consolidation of the States）的指控。麦迪逊在《联邦论》中答复这一问题时，分别从宪法的批准权，政府普通权力的来源、运作、范围以及宪法的修改权五个方面论述了新宪法在国民性（national）和联邦性（federal）上的妥协性质。其中宪法的批准和修改这两个问题属于立宪权问题，政府常规权力的来源、运作和范围这三个问题属于宪定权问题。

1787 年宪法第 7 条规定，“经九个邦宪法大会的批准，即足以使本宪法在各批准邦成立”。[1] 从理论上讲，宪法大会由为此特定目的而选出的代表组成，它并不代表现存各邦政府，而代表各邦人民在制宪这个特定问题上的意志。另一方面，各邦人民在选出宪法大会代表时，也没有打破现存各邦的界限而融合为一个全体人民，“每个邦批准宪法时，都被视为一个主权实体，独立于所有其他主权实体，只受其自愿行为的约束”。[2] 所以，当一个邦的宪法大会批准宪法时，意味着在这个邦的最高主权批准了这部宪法；当九个邦的宪法大会批准这部宪法时，意味着有九个主权实体批准了这部宪法。“批准宪法，既不是联邦内多数人的决定，也不是多数邦

〔1〕 美国《宪法》译文采用李道揆译本，下同。李道揆：《美国政府和美国政治》，商务印书馆 1999 年版，第 775-798 页。

〔2〕［美］汉密尔顿、麦迪逊、杰伊：《联邦论》，尹宣译，第 39 篇，第 263 页。

的决定。批准是各邦一致的赞同，它不是立法机关表达的那种赞同，而是人民自身的赞同。”〔1〕为什么把九个邦的赞同就当作一致的赞同？原因在于，在批准过程开始之前并不存在“全体美国人民”的概念，也就无法让美国人民一个个来投票批准这部宪法；即使一个个来投票，因为没有全体，也无从计算全体的多数；正是在批准宪法的过程中，“全体美国人民”的概念才可能形成，当宪法得到九个邦宪法大会的批准时，人民的多数达成，人民的多数的同意也同时被视为全体一致的赞同。“只要在这一过程（transaction）中，人民（people）被视为形成一个国民（nation），美国全体人民中多数的意志，对少数便具有约束力，就像每个邦人民的多数对少数具有约束力一样。”〔2〕宪法的基础是联邦性，在这个联邦性的批准过程中，宪法的国民性才开始形成，所以宪法的基础并不是国民性的。

关于宪法的修改，1787 年宪法第 5 条规定：“国会在两院三分之二议员认为必要时，应提出本宪法的修正案，或根据各邦三分之二邦议会的请求，召开宪法大会提出修正案。不论哪种方式提出的修正案，经各邦四分之三邦议会或四分之三邦宪法大

〔1〕《联邦论》，第 39 篇，第 263 页，引文稍有改动。

〔2〕《联邦论》，第 39 篇，第 263 页，引文有改动。麦迪逊这里以多数的意志为全体的意志，和霍布斯在《论公民》、洛克在《政府论》中的思路一致。

会的批准，即实际成为本宪法的一部分而发生效力；采用哪种批准方式，得由国会提出建议。”在麦迪逊看来，新宪法的修正模式，既不是完全国民性的，也不是完全联邦性的。如果是完全国民性的，修宪权应该由全体人民行使，如果是完全联邦性的，宪法的修正应该得到每个邦的赞同。但是，批准宪法修正案要求的多数，并不是公民的多数而是邦的多数，这一点不是国民性的，而是联邦性的；但批准宪法修正案又不要求每个邦的同意而只要求四分之三多数，这就又失去了联邦性而具备了国民性。总之，宪法的修正模式既不全然是联邦性的，也不全然是国民性的。

制宪过程中的妥协主要体现在宪定权方面。关于总体政府（general government）常规权力的来源，众议院的权力直接来自人民，是国民性的，参议院的权力来自各邦议会，是联邦性的；[1] 总统选举的方式非常复杂，其权力来源具有混合性质，既有联邦性又有国民性。关于政府常规权力的来源，国民性强于联邦性，也决定了政府权力运作基本上是国民性的，也就是说，权力运作的对象是公民个人，而非集体性质的各邦。这是制宪会议的主要收获。唯一的例外是各邦政府作为当事人参与诉讼时，仍然

[1] 1913年美国宪法第十七修正案通过后，参议员才改由各邦人民直接选举。

被当作集体对待；但这一例外在1795年第十一修正案通过后也被部分排除。[1]

美国宪法的联邦性主要体现在总体政府权力的范围上。按照1787年宪法的设计，总体政府的权力列举在宪法中，没有列举的权力保留给各邦。但是，宪法同时规定，当总体政府和各邦政府的权力范围出现争议时，应诉诸设立在总体政府下的法院，而非各邦法院。

由联邦法院来解决宪定权范围内的、合众国政府与各邦政府的权力范围争议基本是成功的。这里我们可以举1819年的"麦卡洛克诉马里兰案"（*McCulloch v. Maryland*）[2] 为例。马里兰邦是否有权对合众国银行在该邦的分支机构征税？马歇尔法官的回答是不可以，因为这违反了双重代表制的原理：

> 所有邦的人民创建了总体政府，并授予其一般征税权。每个邦的人民及各邦在国会中都

---

〔1〕 1787年宪法第3条规定，合众国的司法权适用于"合众国为一方当事人的诉讼；两个或两个以上邦之间的诉讼；一邦和他邦公民之间的诉讼；不同邦公民之间的诉讼；同邦公民之间对不同邦让与土地的所有权的诉讼；一邦或其公民同外国或外国公民或国民之间的诉讼"。1795年第十一修正案规定："合众国的司法权，不得被解释为适用于由他邦公民或任何外国公民或国民对合众国一邦提出的或起诉的任何普通法或衡平法的诉讼。"将一邦与他邦公民之间的诉讼排除出去了。

〔2〕 *McCulloch v. Maryland*, 17 US 316 (Supreme Court 1819).

> 有代表，并且通过他们的代表行使其权力。当这些代表向各邦的特许机构征税时，他们是在向他们的选民征税，这些税必须是统一的。但当一邦向合众国政府的活动征税时，它就是在向不是由自己的选民，而是由全国人民创立的机构征税，而对于全国人民，邦是无权控制的。[1]

合众国政府的权力的来源是国民性的，那么其运作也将是国民性的，可以刺穿任何中间层次而直达公民个人，就像马歇尔所说，合众国政府向邦的机构征税，就是向自己的选民征税；但反过来，各邦政府却不能向合众国的设立的机构征税，因为那等于向它自己不能代表的人征税。各邦政府的权力来源是地方性的，其权力运作也是地方性的。联邦政府的权力来源是全国性的，其权力运作也是全国性的。只要这一点保持住，合众国和各邦的权限范围其实可以因时而变——实际上在过去的两百多年内，它们的权限范围真的是这样变的。[2]

但由法院来解决制宪权问题则具有很大的风险。这里我们举"斯考特诉桑福德"（*Dred Scott v. Sand-*

〔1〕 *McCulloch v. Maryland*, 17 US 316 (Supreme Court 1819).

〔2〕 参见［美］阿奇博尔德·考克斯：《法院与宪法》，田雷译，北京大学出版社 2006 年版，第 6-9 章。

ford)[1] 一案为例。自1803年“马伯里诉麦迪逊”(*Marbury v. Madison*)案后，在五十四年的时间里，美国最高法院没有判决一个联邦立法违宪，这种情况一直维持到1857年的斯考特案。“谁是斯考特？我们缺乏完整的答案。他好像生于1799年，大约是权利法案批准时；他很矮，大约有五英尺高。他的真实名字可能叫山姆。他唯一的一张照片摄于1856年，五十多岁的样子。1857年，在采访斯考特之后，一份圣路易斯报纸说斯考特‘是个文盲但并不无知’，多次旅行让他具备了很强的常识。”[2]

1819年，也就是斯考特大约二十岁的时候，处于南北之间的密苏里要求以奴隶邦身份加入联邦，引发了宪政争议。在此之前，除了建国初期的13个邦以外，又有新组建的9个邦陆续从西北领地和西南领地加入联邦，这22个邦中自由邦和奴隶邦各占一半，双方在参议院的代表数目相同。密苏里位于1803年联邦政府从法国购买的路易斯安那领地内，如果它以奴隶邦身份加入联邦，将改变南方与北方、奴隶邦与自由邦之间的平衡。1820年，南北方在国会达成妥协，同意密苏里以奴隶邦身份加入，同时

---

〔1〕 *Dred Scott v. Sandford*, 60 US 393 (Supreme Court 1857).

〔2〕 Cass R. Sunstein, “*Dred Scott v. Sandford* and Its Legacy”, in Robert P. George (ed.), *Great Cases in Constitutional Law*, p. 68, Princeton: Princeton University Press.

从马萨诸塞邦分离出来的缅因以自由邦身份加入联邦，维持自由邦和奴隶邦在参议院的平衡。国会同时决定，路易斯安那领地除密苏里外，以北纬 36 度 30 分划界，以北禁止实行奴隶制，但容许联邦逃奴法实施，这就是 1820 年“密苏里妥协”。[1]

根据联邦最高法院的判决书记载，1834 年时，斯考特是属于艾默生的奴隶，艾默生是一位军医；是年，艾默生带着斯考特从实行奴隶制的密苏里邦到自由邦伊利诺伊邦服役。这一点在后来的诉讼中变得非常重要，因为斯考特声称，按照“密苏里妥协”，他从进入伊利诺伊那一刻起，就获得了自由。

1836 年，艾默生又带着斯考特从伊利诺伊邦到了一处要塞，该要塞坐落在密西西比河西岸的路易斯安那领地北纬 36 度 30 分以北，按照“密苏里妥协”，这里也禁止奴隶制。1836 年，经艾默生同意，斯考特和艾默生的另一个奴隶哈里特·罗宾逊结了婚。1838 年，艾默生带着斯考特夫妇和他们的女儿伊莱扎到密苏里邦。后来，艾默生又把斯考特夫妇及其女儿伊莱扎和另一个出生在密苏里邦的女儿莉齐卖给了约翰·桑福德做奴隶。

斯考特首先在密苏里的圣路易斯邦巡回法院起诉桑福德殴打他、他的妻子和他们的孩子。法律问

〔1〕 王希：《原则与妥协：美国宪法的精神与实践》，北京大学出版社 2000 年版，第 164-167 页。

题的关键是他们1834年后被前主人带到自由邦和禁止奴隶制的联邦领地之后还是不是奴隶。如果是，则他们是主人的财产，被告“有权轻轻地把手放在他身上管束他”。邦巡回法院判决斯考特胜诉，但邦最高法院推翻了判决；斯考特又向联邦法院起诉，败诉后上诉到联邦最高法院。

审理此案的坦尼法院认为，此案首先要解决的问题是，斯考特是否有权作为公民在美国法院起诉？“简言之，一个祖先被进口到这个国家并被卖为奴隶的黑人，是否能成为一个由美利坚合众国宪法造就的政治共同体的一员，并有权享有这一文件赋予公民的所有权利、特权和豁免？公民的一项权利就是在一间美国法院就宪法规定的案件提起诉讼的特权。”〔1〕

然而，1787年宪法恰恰没有对于公民的定义。坦尼考察的结果是：“当宪法规定赋予公民的权力和保障公民特权的行使时，它用的是美国人民、各邦公民这样一般的词汇，并没有定义什么样的人士包括在这些词汇中，或者谁应该被视为公民，视为人民的一分子。”〔2〕 至于黑人奴隶及其后代，坦尼认为宪法中的进口奴隶条款（1787年宪法第1条第9款：“现有任何一邦认为得准予入境之人的迁移或入境，在1808

〔1〕 *Dred Scott v. Sandford*, 60 US 393 (Supreme Court 1857).

〔2〕 *Dred Scott v. Sandford*, 60 US 393 (Supreme Court 1857).

年以前，国会不得加以禁止，但对此种人的入境，每人可征不超过10美元的税”）和逃奴条款（“1787年宪法第4条第2款：根据一邦法律须在该邦服劳役或劳动的人，如逃往他邦，不得因他邦的法律或规章而免除此种劳役或劳动，而应根据有权得到此劳役或劳动之当事人的要求将他交出”）都表明，他们是财产权的对象，而不是公民。

美国宪法第五修正案规定：“无论何人，未经法律的正当程序，不得被剥夺生命、自由或财产。”既然斯考特是财产，最高法院判决说：“仅仅因为某个合众国公民自己或者带着他的财产进入合众国某个特定领地，在他没有违反任何法律的情况下，国会的一项法令就剥夺了他的自由或财产，绝对不能美其名曰法律的正当程序。”[1] 在这里，艾默生医生是第五修正案所说的人，斯考特是第五修正案所说的财产，国会的密苏里妥协法案未经法律的正当程序，剥夺了艾默生医生的财产权利，自然就违反了宪法第五修正案。密苏里妥协案就这样成为被联邦最高法院认为违反宪法的第二个国会立法。

坦尼没有讨论1787年宪法中的第三个涉及黑人奴隶的条款，即五分之三条款。但是，他对进口奴隶条款和逃奴条款的解读，却彻底摧毁了1787年宪法在制宪权问题上的妥协成果。1787年宪法的制定建立在一系列妥协基础上。大邦和小邦的妥协中又

〔1〕 *Dred Scott v. Sandford*, 60 US 393 (Supreme Court 1857).

嵌套着南方与北方的妥协。为了达成这些妥协，宪法文本对奴隶问题做了模糊处理，奴隶固然不是公民，但也没有被直接视为财产，而采取了“其他人口”（五分之三条款）、“此种人”（进口奴隶条款）、“根据一邦法律须在该邦服劳役或劳动的人”（逃奴条款）这样的表述。假如奴隶被明确视为财产，南方的奴隶人口便不能计算进分配众议院代表名额的基数中去，南北方的在众议院代表名额问题上的妥协便不能达成；南北方在众议院的妥协如果不能达成，大小邦在参议院的妥协也不能达成。随之，总统选举问题和全国法院法官的提名任命问题上的妥协也不能达成。可以说，正是通过把南方的奴隶制通过五分之三条款砌进宪法，整部美国宪法才得以在妥协中制定出来。与此同时，也正是因为在这一根本制宪权问题上的妥协，埋下了这部宪法毁灭的种子，这正是所谓妥协的悖论。

塔尼法院对斯科特一案的判决，预示着这一苦心维系八十年的妥协走到了尽头。经过一场血腥的内战，内战后通过的第十三修正案终于废除了奴隶制，第十四修正案第一款终于规定了合众国的公民权条款：“所有在合众国出生或归化合众国并受其管辖的人，都是合众国的和他们居住州的公民。”美国宪政终于可能真正地在**每个公民**的基础上重建联邦制与代表制。这个过程也并不是一帆风顺的，但它至少避免了美国宪政第一次奠定过程中的那种妥协的悖论。

第六章

以代表反对民主

“人的社会，是否真能通过反思和选择，建立良好政府？还是命中注定，要依赖机遇和暴力，建立政治制度？”[1] 这是汉密尔顿在《联邦论》一开头就发出的浩叹。

1787 年秋费城制宪会议结束后，为了保证纽约邦通过新宪法，刚刚参加过制宪会议的纽约邦代表汉密尔顿先后邀请杰伊和麦迪逊撰写一系列文章，在报纸上发表，向纽约邦人民阐述新宪法的义理，劝服人民批准新宪法。从 1787 年 10 月 27 日到 1788 年 5 月 28 日，纽约邦召开审议新宪法的公民大会召开之前，三人合用一个笔名，一共在报纸上发表了八十五篇文章，结集后称为《联邦论》。

论战的对象是反对新宪法的反联邦派。尽管有不少分歧，但联邦派和反联邦派都分享同一套共和

〔1〕［美］汉密尔顿、麦迪逊、杰伊：《联邦论》，尹宣译，第 1 篇，译林出版社 2010 年版，第 1 页。

主义的语汇，好用共和历史的例证，喜欢用罗马古人的名字作为笔名。当时的反联邦派中有人选择罗马共和国晚期试图从恺撒手中挽救共和的政治人物如布鲁图斯（Brutus）和加图（Cato）做他们的笔名，汉密尔顿等人的选择则是参与创建罗马共和的帕伯琉斯（Publius）。[1]

《联邦论》八十五篇虽然是以报纸文章的形式发表的，但在内容上仍不失为一个整体。在汉密尔顿执笔的第1篇中已经基本列出了全书的大纲："坚持联合对政治繁荣的好处"——第2-14篇；"眼下的联盟，不足维系联邦"——第15-22篇；"需要建立起一个拟议中的那样有力的政府，以达到这个目的"[2]——第23-36篇。前36篇构成本书的上卷，论证的核心问题是联合（Union）的必要性。

第37-85篇构成本书的下卷，论证的核心问题

〔1〕 根据普鲁塔克的《希腊罗马名人传》，帕伯琉斯曾参与结束塔昆王政、创立罗马共和的事业。《希腊罗马名人传》中将其与雅典的立法者索伦对举。共和建立后，帕伯琉斯曾四次当选为执政官，并在共同执政布鲁图斯死于任上时成为唯一的统治者。他利用这个时间巩固初生的罗马共和，扩大元老院的规模，给被告以上诉权利，减轻税负，并命令执政官的权杖在公民大会前收低，以显示人民的尊贵。《希腊罗马名人传》记载的一件事是：当帕伯琉斯听到人民议论他的住宅堪比王宫，就立即召集了一批工人，乘着黑夜拆毁自家房屋，夷为平地。罗马人称其为普布利科拉，意为"人民敬爱的人"。参见［古希腊］普鲁塔克：《希腊罗马名人传》（上册），陆永庭、吴彭鹏等译，商务印书馆1990年版，第214-215页。

〔2〕［美］汉密尔顿、麦迪逊、杰伊：《联邦论》，尹宣译，第1篇，译林出版社2010年版，第3-4页。

是“拟议中的宪法和真正的共和政府原则的一致性”。其中第38–46篇是总论，第47–83篇是分论，分别讨论了分权原理（第47–51篇），立法机关（包括众议院——第52–61篇，参议院——第62–66篇），行政机关（第67–77篇），司法机关（第78–83篇），核心是三权分立。剩下两篇是答复反对意见和结论，涉及宪法与权利法案等问题。

一、联邦共和国

“一个精神自由、思想明智的民族，需要关注的头等大事，是安全。”[1] 杰伊是老练的外交家，在论证全国政府的必要性时，把防止外部战争放在首位。当时的美国相对于欧洲列强还是弱国，杰伊首先考虑的是，一个全国性政府比起十三个邦政府或者三四个彼此独立的联盟政府来，是否更容易遵守条约和国际法，不给列强发动战争提供理由。由于全国政府由来自全国的精英人才组成，杰伊认为，“全国政府的行政部门、立法部门、司法部门，会更明智、更系统、更审慎，超过各邦政府，外国会更满意，我们自己会更安全”。[2] 另外，全国政府总

〔1〕《联邦论》，第3篇，第13页。

〔2〕《联邦论》，第3篇，第14页。

是按一种口径解释条约和国际法，不受地方的局部利益影响而偏离条约或国际法，这样一来，授人以柄、使列强以违反条约或国际法向美国开战的可能性大大减少。

除由于违反条约和国际法引起的战争之外，杰伊还认为，全国政府下因为局部的激情或利益而与印第安部落或西班牙、英国等争执而直接使用暴力，从而引发战争的可能也较小；即使发生战争，全国政府“调停或化解这类战争的权力也大些”。[1]

全国政府更为克制，会大大减少美国方面发起战争的理由。但是，杰伊也深深明白，由于在渔业、航运、对印度贸易、对华贸易以及美洲大陆范围内的商业方面，美国与欧洲列强存在利益的冲突，即使美国方面不发动战争，欧洲列强也不难找到开战的借口。在这种情况下，组建一个全国政府就不但有不惹起战争的消极作用，而且有统领一支军队、在全国范围内调动资源应对战争的积极作用。这都是现有的十三个邦政府或组建三四个联盟政府所无法比拟的。

在杰伊分析了联邦在避免外患方面的作用后，汉密尔顿将目光投向了联邦在避免内乱方面的作用。他认为，“各邦之间的相互倾轧，国内的党派之争和

〔1〕《联邦论》，第3篇，第16页。

动乱"[1]或许是更大的危险。汉密尔顿对人性的看法是："人有野心，喜欢报复，以强凌弱。"[2]他在回顾了历史上领袖人物，从古希腊的伯利克里到亨利八世的首相沃尔西，由于一己野心和私心引发的战争后，又特别针对孟德斯鸠"商业共和国不好战"的观点提出了批驳。

孟德斯鸠在《论法的精神》中提出："贸易的自然结果就是和平。两个国家之间有了贸易，就彼此互相依存。如果此方由买进获利，则彼方由卖出获利，彼此间的一切结合是以相互的需要为基础的。"[3]汉密尔顿却认为，共和国也和君主国一样由人治理，影响君主的那些激情与利益，同样会影响议会和民众，他用雅典、迦太基、威尼斯、荷兰、英国等例子证明，"商业不过改变了战争的对象"，[4]给战争增添了新的诱因。至于北美十三邦之间可能引发战争的原因，他列举了领土争端、商业竞争、公债分摊等几项，并指出当违反私人之间的合同积累到侵犯邦权时，也可能引发真刀真枪的战争。

汉密尔顿进一步指出，北美因为没有欧洲那样的常备军建制，一旦发生战争，非正规军到处烧杀

---

〔1〕《联邦论》，第6篇，第30页。

〔2〕《联邦论》，第6篇，第30页。

〔3〕［法］孟德斯鸠：《论法的精神》（下），许明龙译，商务印书馆1993年版，第14-15页。

〔4〕《联邦论》，第6篇，第32页。

抢掠，会比在欧洲引起更大的灾难。如果现在的邦联解体又不组建新的联邦，各邦将不可避免各自武装常备军互相防范，而常备军的建立将导致行政权的扩展，军权压倒民权，共和制将变成君主制。如果选择组建全国政府，由联邦政府统一掌管军队，美国就会像英国那个岛国一样，无需维持庞大的陆军，也能维护国内的和平，这样还有利于民权的维护。而如果听任邦联解散，或者出现两三个联盟，那北美将会陷入欧洲大陆那种战争连绵不休的局面。

杰伊和汉密尔顿对联邦制的论证大多诉诸经验，包括历史经验和当时的国内国际经验。在解决方案方面，汉密尔顿考察了孟德斯鸠“联邦共和国”的思想。孟德斯鸠认为，联邦共和国是能够把共和制的内在优点和君主制的对外力量结合起来的体制。〔1〕但是，在孟德斯鸠看来，联邦共和国依然是一些社会的集合，而不是构成这些社会的个人的集合。其权力的对象是作为集体的成员，而无法直达构成这些集体的个人。孟德斯鸠最推崇的吕西亚联盟，由23个城邦共和国组成，其中大城邦在共同议会中有三票表决权，中等城邦有两个，小城邦只有一个，共同议会也按照这个比例任命各城邦的法官

〔1〕《联邦论》，第9篇，第53页。孟德斯鸠的原文见［法］孟德斯鸠：《论法的精神》（上），许明龙译，商务印书馆1993年版，第130-131页。

和行政官。汉密尔顿认为，这是“对内政最灵巧的介入方式”,[1] 但也仅此而已。

制宪会议上小邦联盟提出的《新泽西方案》可以看作是孟德斯鸠“联邦共和国”思路的体现。《新泽西方案》赋予邦联一些新的权力，但仍然不愿穿透邦这个集体，在全国政府与公民个人之间建立直接的联系。建立在妥协基础上的新宪法则将孟德斯鸠“联邦共和国”的思路仅仅局限于参议院一个分支，即仅由参议院代表集体资格的各邦，这实际已经突破了孟德斯鸠的思想局限。但这一政治突破仍然需要理论说明。

二、以代表遏制党争

对联邦共和国的彻底理论说明是由麦迪逊完成的。麦迪逊认为，共和制的本质是代表制，联邦共和国的本质是大范围的代表制共和国。

麦迪逊首先比较了直接民主制和代表制的优劣。直接民主制往往会形成那种麦迪逊最担心的、由多数参与的、损害其他公民的权利或者社会长远的全体利益的党争。在直接民主制下，“几乎在所有的情况下，一种共同激情或利益，总会被全体中的多数

[1] 《联邦论》，第9篇，第55页。

感知；实行直接民主制的政府，本身就会促成交流和合唱；没有什么可以制止牺牲弱小群体或可憎个人的诱因”。[1] 也就是说，直接民主制下非常容易形成具有共同激情和利益的多数，而直接民主制下又没有什么东西能遏制这种多数去损害其他公民的权利或者社会长远的全体利益。但在代表制下，权力掌握在“其他公民选出的少数公民手中”，如果“这批人的智慧，能辨识国家的真实利益，他们的爱国热情，他们对正义的热爱，不大可能为了眼前的利益或部分人的利益，牺牲国家利益和正义”。[2] 也就是，代表制下人民可以选出比自己好的少数人，而他们甚至会比人民更好地认识和表达人民自己的利益。

但这里存在一个巨大的风险。如果能够选出比普通公民更好的人，那么代表制就比直接民主制更好；但如果坏人“通过阴谋诡计，通过拉拢腐蚀，通过其他手段，先骗取选票，然后背叛选民利益”，[3] 代表制就变成了一种少数针对其他人的党争，这甚至比直接民主制下那种多数参与的党争更坏。

由此可见，代表制本身并不一定优于直接民主

〔1〕《联邦论》，第 10 篇，第 62 页。
〔2〕《联邦论》，第 10 篇，第 63 页。
〔3〕《联邦论》，第 10 篇，第 63 页。

制。但麦迪逊的目的并不是要证明代表制相对于直接民主制的优越性。独立后的北美十三邦，内部实行的都已经是代表制，没有人要在邦那样大的范围内实施直接民主制。从理论上证明代表制一定优于直接民主制很难，但对于麦迪逊来说，在实践上证明大范围联邦的代表制优于小范围的各邦的代表制就可以了。

直接民主制并不是作为一个政治选项提出来的，麦迪逊提出直接民主制的真正目的是树立一个理论范型，即直接民主制就等于多数的党争，这是要防备的最大的恶，哪一种体制能最大程度地远离这个最大的恶，这个体制就是好体制。

麦迪逊接着论证，大国中更能避免代表制走向坏的结果。在一个大国，选出少数杰出者的可能性增大，阴谋者弄权的可能性减少。[1] 麦迪逊是从代表和选民两个角度论证这一点的，我们举一个数字例子来说明麦迪逊的逻辑。从选民的角度看，假如一个小共和国有 10 万人，一个大共和国有 100 万人，而小共和国无论多小，为了防止少数人玩弄阴谋诡计，代表人数都不会少于一定数量，比如 100 人；大共和国无论多大，为了防止人多造成混乱，代表人数也不会大于一定数量，比如 1000 人，而会是，比方说，500 人。从代表的角度看，从 100 万

〔1〕《联邦论》，第 10 篇，第 63 页。

人中选出500个好代表的可能性（1万人选出5个好人），大于从10万中选出100个好人的可能性（1万人里选出10个好人）；从选民角度看，在100万人中玩弄阴谋诡计，比在10万人中玩弄阴谋诡计更难。另外，大国管辖人口多、国土大，使其利益分散，利益集团多数不容易形成，即使形成，集体行动也会因为——用今天的话说——交易费用过大而存在障碍。也就是说，国家越小，代表制越趋向于直接民主制；国家越大，代表制越远离直接民主制。

麦迪逊和汉密尔顿一样，对人性持悲观的看法。麦迪逊用一个抽象程度更高的概念——党争——来涵括汉密尔顿所担心的各邦之间的不和以及内战。“所谓党争，据我理解，是一定数量的公民，不论在总体中占多数还是少数，受到某种共同激情、共同利益驱使，联合起来，采取行动，不顾其他公民的权利，或整个社会的长远利益、全体利益。”〔1〕麦迪逊认为，古典政治哲学治疗党争的方案——“使全体公民观点相同、激情相同、利益相同”，〔2〕即通过《理想国》中那样的公民教育，造就具有相同

〔1〕《联邦论》，第10篇，第58页，引文稍有改动。党争不是霍布斯自然状态里每个人对每个人的战争。因为党争中争斗各方已经不再是个体，而是组织起来的团体。在党争问题上，麦迪逊与休谟的思想具有更大的关联，见 D. Adair, “‘That Politics May be Reduced to a Science’: David Hume, James Madison and the Tenth Federalist”, *The Huntington Library Quarterly* 20, no. 4, 1957, pp. 343-360.

〔2〕《联邦论》，第10篇，第61页。

观点、激情和利益的公民是完全行不通的。人的理性会出错，人自由行使理性就会形成不同的观点；人的观点和激情会互相影响，不同的观点会成为激情的依附对象，从而造就不同的激情；更重要的是，人的能力多种多样，人们获取财产的能力各不相同、互不平等，产生了不同程度和种类的财产占有的结果，这些东西又对不同的财产所有者的情感和观点有影响，把社会分成不同的利益和团体。麦迪逊据此认为，党争根植于人性；无法通过改造人性的方式消除党争。

既然党争的原因不可能消除，那就只能选择遏制党争的后果。直接民主制能够用投票的方法击败少数参与的党争，但直接民主制却可能放任甚至鼓励有多数参与的党争。代表制的优势，则在于它能够遏制多数参与的党争。代表制的范围越大，控制这种党争的作用越强，新宪法在全国范围内建立代表制，比起原来的邦联来，更能控制这种党争。

三、联邦与邦联的不同

在麦迪逊完成了对联邦共和国的本质是双重代表制的理论说明后，汉密尔顿也获得了透彻分析联邦与邦联不同的理论武器。联邦与邦联的真正区别，在于联邦的权力能够通过全国代表制直达每个公民个体，从而使全国只有一个最高主权，而邦联和公民之间因为缺乏这种政治联系，从而造成多个主权并存的状况。

汉密尔顿把邦联称为一种“主权内主权的政治怪物”（political monster of imperium in imperio），邦联法律约束的对象是以集团或集体存在的各邦政府，而不是构成这个集团或集体的个人。这带来了一个后果，对任何违反法律的处罚，都必须动用武力，而不是法律：

> 有政府，就意味着有立法权，立法权需要有惩处保障。换言之，对不遵守法律的行为，要有处罚和罚款。若对不守法的行为不加处罚，说起来，是立法决议，行起来，变成只不过是建议或推荐。处罚不论采取什么形式，只能用两种方式推行：或是法庭出面，或是动用军队；或是执法官的强制，或是武力的强制。第一种只能施于个人，第二种则可以用来对付政治集团、共同体甚至邦。当然，法庭无法直接强制执行法律。法庭可以宣布对违法者的裁决。只有剑才能执行。倘若邦联的权力，只限于施及各个集团，后果是，一旦有一个邦违法，就只有开战。这样一来，用武力执行裁决，便成为

> 对付公民不服从的唯一手段。到这一步，政府就不配被称为政府。任何谨慎的公民，都不会选择把幸福托付给它。〔1〕

在汉密尔顿看来，政府的作用，就是在共同体内部消除战争状态，延续邦联思路的《新泽西方案》，因为保留了集团性质的邦的主权，从而使得邦联只能从各邦征集军队来征讨不服从法律的邦，从而丧失了政府的资格。这一点，制宪会议上已经有人不止一次地指出了。比如，对《新泽西方案》的后果，来自弗吉尼亚的代表伦道夫说："实质问题，是我们死守邦联方案不放，还是实施建国方案。前者的不足，通过以往的实践，已经充分暴露。要建立一个总体政府，只有两种模式：第一，武力统一，如佩特森方案所示，第二，通过真正的立法，如弗吉尼亚方案所示。武力统一已被指为不切实际，耗费钱财，对个人残忍。而且，一旦使用武力，就免不了同室操戈，血流成河，动乱四起，生灵涂炭，最后，是训练人民去为野心效劳。因此，我们必须采取国家对个人立法的方式，这是邦联议会无法胜任的。"〔2〕这一点，来自弗吉尼亚的梅森在5月30日的辩论中就已指出："处罚就其本质而言，不可施

〔1〕《联邦论》，第15篇，第97页。引文稍有改动。

〔2〕《辩论》（上），第135页。

加于作为集体的邦，因此，必须建立一个能直接管理个人的政府，处罚那些罪有应得的个人。”〔1〕

但是，只有麦迪逊在《联邦论》第10篇透彻阐述代表制的原理后，这种经验上的洞察力才获得了理论上的明晰性。

〔1〕《辩论》（上），第22页。

第七章

三权分立是制度化的党争

1787年费城制宪会议在一步步的妥协中，最终妥协出一个独立的总统制。这个总统首先独立于国会，因为它不是国会在首都选举的，这一点不同于议会制；它也独立于各邦，因为他不是由各邦议会选举，而是由各邦议会产生的独立选举人选举的；为避免总统选举受各邦控制和出现散票僵局，1787年宪法明确规定各邦选举人投票选举的两人之中，至少有一人不是本邦居民；为避免小邦决定复选，它规定复选在众议院举行；为避免大邦凭人数决定复选，它又规定众议院的复选计票方式为每邦一票；最后，它也独立于人民，由人民直选的方案在制宪会议上屡次提出，但都被否决了。

麦迪逊在制宪会议上放弃了原来的由议会选举总统的想法，借助孟德斯鸠提出了行政独立的概念，这个概念逐渐赢得了多数代表的赞同，虽然大家的出发点可能并不相同。小邦代表可能更愿意行政独立于人民，因为那意味着大邦决定总统的人选；大邦代表可能更愿意行政独立于议会，因为那意味着小邦的分量会过重；但大部分代表都对英国议会中行政和立法串通舞弊、行政依赖立法的流弊不满。

制宪会议上对司法的讨论并不充分。制宪会议念兹在兹的是行政独立，而不是司法独立。会后为新宪法所做辩护而写下的《联邦论》中，麦迪逊和汉密尔顿则把行政独立、司法独立的思想进一步发展为三权分立的完整理论。

一、三权分立的目的是防止多数的党争

麦迪逊的三权分立理论来自孟德斯鸠。但孟德斯鸠的三权分立并不限于代表制，孟德斯鸠说，三权如果不分立，无论是在世袭制还是在选举制下，都会导致暴政。而在麦迪逊看来，美国的三权分立是一个复合代表制国家的三权分立，三权分立首先是权力来源的分立。

通观 1787 年美国宪法，立法、行政、司法的权力都来自分别授权。众议员由各自选区选出，参议员由各邦议会选出，总统由各邦选派的选举人选出，最高法院法官由总统提名并经咨询参议院及获得其同意后任命。众议院、参议院、总统和司法机关都是彼此独立地从不同的来源、通过不同的渠道获得

授权，这些来源和渠道彼此互不隶属，没有哪个来源能包含其他来源，也没有哪个渠道能代替其他渠道。

分别授权的效果还因为联邦制即双重代表制而得到加强。“在美利坚这个复合共和国里，人民交出的权力，首先在两层分立的政府之间分配，各分一部分，然后，再把两层分立的政府，各划分为三个分立的部门。”〔1〕这就使得联邦和邦两层政府，两层政府的各个分支，都只能获得部分人民在特定时间的授权，而没有哪个部门可以宣称它获得了全体人民在所有时间的授权。至于后来总统宣称只有自己是全国人民而不是一小部分人选出来的，只有自己才能够代表全国人民，是从安德鲁·杰克逊才开始的。之后也不是每一位总统都坚持这一点。后来经过林肯、克利夫兰、西奥多·罗斯福、威尔逊等人的努力，到富兰克林·罗斯福，这一点才最终确定下来。〔2〕而在1787年宪法中，没有哪个选民团体能够号称他们选出的机关是最高的、他们就是最终的主权者。因此，除了批准宪法这一立宪过程，在任何常规选举中不会出现一个掌握主权的人民。

在根本上，三权分立的原理和麦迪逊的代表制

〔1〕《联邦论》，第51篇，第355页。

〔2〕参见［美］达尔：《美国宪法的民主批判》，佟德志译，东方出版社2007年版，第59页。

的原理是一致的。代表制的目的是控制多数参与的党争，三权分立同样也是这个目的。如何控制多数参与的党争？《联邦论》第10篇写到：“下述二法，取一即可。一，避免让同一种激情或利益同时出现于多数之中；二，把这种具有共同激情或利益的多数化解，减少他们的人数，使他们因为各地情势不同，无法呼应，无法齐心协力，无法实现有效的压迫计谋。”〔1〕立法、行政、司法分别授权的用意，就是防止让同一种激情或利益支配所有的政府分支；如果社会上已经出现了建立在同一种激情或利益上的多数，分别授权则起着分解多数的作用。

理解了代表制下的分权是为了限制多数、分解多数，我们就可以理解为什么麦迪逊在《联邦论》第51篇正式提出分权的政治哲学之前，首先在第49篇中否定了杰斐逊在《弗吉尼亚纪事》中提出的一种随时召开公民大会（convention），以纠正政府中弱部门受强部门侵犯的方案。

麦迪逊承认，“人民是权力的唯一合法基础……在三个权力部门之一侵犯其他部门的法定权力时，重新回到人民这个原始权威，似乎与共和原则严格一致”。〔2〕但是，在麦迪逊看来，共和原则并不是第一位的，防止共和原则走火入魔、走向无政府和

〔1〕《联邦论》，第10篇，第62页。
〔2〕《联邦论》，第49篇，第343页。

无政府之后的暴政才是最重要的；创建一个共和国是容易的，保持一个共和国是困难的。麦迪逊说："每次向人民呼吁，都暗含着政府有某种缺点的意思，频繁地向人民呼吁，会大大削弱政府的尊严，没有尊严，即使最贤明、最自由的政府，也无法具备必不可少的稳定。"〔1〕所以他"反对频繁地把宪法问题，重新让整个社会决定"。〔2〕

麦迪逊还推论，共和制下，议会势力会越来越大，所谓强部门侵犯弱部门，多半是议会侵犯行政和司法部门，而倘若诉诸公民大会，可以预见许多议员将充任公民大会的成员，所谓向人民呼吁无非使议会"自己担任自己的法官"。〔3〕也就是说，频繁将宪法问题诉诸公民大会，将出现麦迪逊最担心的多数党争这种最坏的情况，为代表制蜕变为直接民主制和走向无政府状态打开了方便之门。

在《联邦论》第49篇否定杰斐逊随时召开公民大会的方案后，麦迪逊又在第50篇中否定了成立专门机构以解决违宪问题的做法。他举1783年和1784年宾夕法尼亚的审查委员会（Council of Censors）为反面例证：这个委员会的成员由议会和行政部门内的活跃分子组成，结果在"这个委员会存在的整

〔1〕《联邦论》，第49篇，第343页。
〔2〕《联邦论》，第49篇，第344页。
〔3〕《联邦论》，第10篇，第61页。

个时期，成员分裂成固定的、势不两立的两党”。[1]“所有的问题，即使问题本身无足轻重，或相互无关”，这势不两立的两党也要争一争，而限制议会和行政部门跨越宪法界限的行为，却并没有因为它们的审查而减少。

二、三权分立是一种制度化的党争

在分别排除了将宪法争议诉诸公民大会或专门的审查委员会的方案后，麦迪逊提出了让各个部门互相对抗来防备权力集中的方法：

> 最需要防备的，是各种权力被逐渐集中到一个部门。防备办法，是赋予各部门主管官员必要的宪法手段，使他们各自具备个人动机，抵御其他部门蚕食他们的权力。对付这种情况，和对付其他情况一样，提供的自卫条文，要足以对付可能来自其他部门的进攻危险。野心必须用野心来对抗。个人利益，要与宪法授予的职权结合起来，这，或许就是人性的反映，这种机制，对控制政府滥权来说必不可少。建立

〔1〕《联邦论》，第50篇，第349页。

> 政府这个做法，不就是人性弱点的最大反映么？倘若人人都是天使，就用不着政府。倘若组成政府的人都是天使，对政府的外部控制和内部控制，也都成为多余。设计人管理人的政府时，最大的难处就在于此：你必须使治人者先具备控制被治者的能力；然后，使治人者有责任控制他们自己。让政府依赖人民，无疑是对政府的首要控制；经验告诫人类，还必须设定辅助防备措施。[1]

在《联邦论》第10篇中，麦迪逊认为党争根植于人性之中，所以党争的原因无法消除，只能控制其结果；在第51篇中，麦迪逊进一步提出，需要利用人性中根深蒂固的弱点，设计一种制度化的党争，通过政府各部门之间的攻防来使政府自己控制自己，和非制度化的党争不一样的是，这种党争要使用宪法手段，在宪政的轨道上进行。

这种制度化党争的具体设计原则是“权力分立、职能混同”。“职能”（functions）和“权力”（power）不一样，上下级部门的职能可能相同，但权力有大小，而两个权力相若的机构，却可能发挥不同的职能。亨廷顿在比较欧洲和美国政治发展的时候曾经指出，在欧洲的17、18世纪，一方面主权集中于君

〔1〕《联邦论》，第51篇，第354页。引文有改动。

主或议会，另一方面政府的行政、立法、司法、军事等职能的分化和专门化，权威的理性化和结构的分离相辅相成，以此来造就有效率的现代政府。但美国的建国思路却恰恰相反，移民带来了后来被其母国英国放弃的“都铎政体”，走上了“权力分立”和“职能混同”的道路。[1] 比如，1787 年宪法规定，立法机构并不只行使立法权，立法机关还可以弹劾总统和法官，而弹劾权本身就是一种司法权。众议院发起弹劾，参议院审判，总统被弹劾时，则由最高法院首席大法官主持，这也是分权的表现。总统作为行政机关，却拥有否决国会立法的权力，除非立法机关以三分之二多数再次通过，法案才能生效，这种立法否决权本身就是一种立法权；如果法院再对国会和各邦议会立法进行违宪审查，则意味着法院可以行使立法权。

三、司法审查与最高法院终审权

法院的违宪审查权在 1787 年宪法中并无明文规定。在制宪会议上，最初《弗吉尼亚方案》提出的是一种复决会议（Council of Revision）的方案：“应由

〔1〕［美］亨廷顿：《变化社会中的政治秩序》，王冠华、刘为等译，生活·读书·新知三联书店 1989 年版，第 100-110 页。

行政官和全国司法部门适当数量的成员，组成一个复决会议，授权复审全国议会尚未实施的每项法案，和各邦议会的每项立法，具有最后否定权；复决会议的不同意见视为否决，除非全国议会再次通过该项法案，或某邦议会两院中各院____的议员再次反对，才能压倒否决。”〔1〕

复决会议方案遇到的第一个反对意见是司法不应介入立法复决，立法复决应由行政官独享；另外，行政官的立法复决只限于全国议会立法，而不包括各邦议会立法。6月4日，马萨诸塞的格里认为：“通过解释法律，法官已经拥有对付侵蚀法官权力的足够制约力量，解释法律涉及判断立法是否符合宪法还是违宪。在有些邦里，法官确实裁判一些法律违宪，并得到了广泛的赞同。让法官对涉及公共政策的措施作出判断，与法官职务的本质实不相容。”〔2〕格里的说法得到多数赞同。同时，威尔逊和汉密尔顿提出的删去多数议员可以压倒行政官否决的规定，从而授予行政官绝对否决权方案无一赞同，会议通过了格里提出的推翻行政官否决需要三分之二多数的动议。

6月6日，为了把司法部门再纳入立法复决，威

〔1〕《辩论》（上），第17-18页（文中横线上空白处是待议决的比例，如“三分之二”等）。

〔2〕《辩论》（上），第54页。

尔逊和麦迪逊又做了努力。麦迪逊的理由有三条。其一，一批法官参与行政官的立法复决，会起到拱卫行政官的作用，同时“也会使司法部门具备自卫能力，抵御立法部门的侵权”。其二，法官参与法典编制，可以使法律条文变得清楚、明白、精炼、系统。其三，麦迪逊对三权分立就是行政、司法和立法绝对分开、彼此隔离的流行观点不以为然。他说，“这种流行见解产生于英国，但在英国，行政官也拥有对立法的绝对否决权；而大法官的最高法庭（上议院），又构成立法机构的另一院。”〔1〕也就是说，英国本身也不是行政和立法、司法和立法绝对分开，各个机关的职能是混同的。麦迪逊认为复决会议的最大目的是为了限制立法：“设立复决会议，就是要限制立法部门侵蚀其他两个地位同等部门的权力，侵蚀人民的权力；制止立法部门按照自己的原则，或不正确的方式，制定不明智的立法，借用司法部门的智慧和权位，增强行政官的力量，制止立法部门的不明智立法。”〔2〕表决的结果，司法部门参与立法复决的努力再告失败，反对票与赞成票之比是8∶3。

7月21日，在大妥协达成、第三次讨论司法和行政一起对立法进行复决的时候，赞成的发言多了

〔1〕《辩论》（上），第79页。
〔2〕《辩论》（上），第79-80页。

起来。除了威尔逊和麦迪逊，弗吉尼亚的梅森、宾夕法尼亚的古文诺·莫里斯、康涅狄格的艾尔斯沃斯都发表了赞同意见。而马萨诸塞的格里、斯特朗、戈汉姆，马里兰的路德·马丁，南卡罗来纳的拉特里奇则发表了反对意见。司法和行政一起对立法进行复决，呈现出大邦赞成、小邦反对的局面。

麦迪逊这时已经提出了后来他在《联邦论》第51篇里正式论证的以制度化的党争保障三权分立的思想。他说，仅仅用宪法条文在纸面上把各个部门分开，并不能制止各个部门相互侵蚀彼此的权力。“不能信赖这种纸上的保障；必须引入权力和利益的平衡，才能保障纸上的条款。因此，把分权的理论写进宪法并不能使我们满意，这才提出给每个部门配备一套捍卫自己的权力，使这个理论能够在实践中运行。”〔1〕麦迪逊再次提到英国的例证。英国不仅允许法官担任议员，而且法官还可以担任行政官的枢密院成员，所有的立法内容，都事先交给他们检查，实际上就是法官参与立法复决。麦迪逊说，如果说法官参与对立法的制约不合自由政府的基本理论的话，那么行政官的立法复决也不符合，也应该放弃。

但是到这时候，大妥协已经达成，大邦代表开始全力争取行政独立，司法参与立法复决，被小邦

〔1〕《辩论》（上），第390页。

代表看成是一种行政司法订立攻守同盟、对付议会的方案。是否允许司法参与司法复决，成为大邦和小邦博弈的一部分。7 月 21 日的投票结果是三邦赞成、四邦反对，宾夕法尼亚和佐治亚两个邦内部意见赞成和反对各半，还有两个邦代表不在场，会议最终否定了法官参与对立法的复审。

制宪会议在否决行政和司法组成复审会议对立法进行复审的同时，又在司法权条款上为未来的司法违宪审查留下了可能。1787 年 8 月 27 日在讨论司法权的范围的时候，康涅狄格的约翰逊先是提议，将联邦的司法权扩展到衡平法，然后又提议，最高法院除了审理由联邦议会立法而引起的所有案件之外，再增添因本宪法而引起的案件。

麦迪逊这时却表示了担忧。他“怀疑把司法权延伸到宪法引起的一切争端，是否走得太远，是否应该把司法权限制在司法性质以内的案件。在非司法性质的案件中，解释宪法的权力不应授予法官”。[1] 但会议却一直赞同约翰逊的动议，认为授予的这宗司法权会限制在司法性质以内的案件。

1787 年宪法最终文本第 3 条第 2 款是这样表述司法权的范围的：“司法权的适用范围包括：由于本宪法、合众国法律和根据合众国权力已缔结或将缔结的条约而产生的一切普通法的和衡平法的案件；

---

〔1〕《辩论》（下），第 624 页。

……”1788年1月31日，纽约州的反联邦党人“布鲁图斯”〔1〕写下了对宪法这一条的严重指控：“所谓由于本宪法而产生的案件，是和由于法律而产生的案件不同的，否则这两条就是一个意思了。由于宪法而产生的案件必然包括这样的案件，这些案件质疑宪法的含义，要求对宪法下不同部门的权力的性质和范围作出解释。因此，这一条就赋予司法机关解决所有涉及宪法解释的问题，或者是普通法问题，或者是衡平法问题。”〔2〕如果说法院解释普通法中的宪法问题还不大的话，解释衡平法中的宪法问题，“法院就被授予根据宪法的推理精神来解释宪法的权力，而不必受限于宪法的文字”。〔3〕

汉密尔顿在《联邦论》第80篇中专门回答了“布鲁图斯”提到的衡平法的问题。他说，联邦法院也需要衡平法裁判权，比如处理由不同的邦颁发的地契所引发的土地争议的时候，这一点和所有建立了普通法、衡平法的技术区分的邦，包括纽约邦，都是一样的。但这个说法并没有回答“布鲁图斯”真正关心的问题，即联邦司法权可能会因为无限的

〔1〕据说就是1787年5月18日就参加费城制宪会议，但因为反对制宪会议于7月10日就离会的纽约邦制宪会议代表雅茨。Hamilton, Alexander, James Madison and John Jay, *The Federalist*, Cambridge University Press, 2003, p. 436.

〔2〕Ibid., pp. 502-503.

〔3〕Ibid., p. 503.

宪法解释权而失控。对于“布鲁图斯”怀疑法院将按照宪法的精神而不是文字来解释宪法的问题，汉密尔顿漫不经心地以一句话作答：“宪法中并无只言片语，直接授权全国法院按宪法精神解释法律。”〔1〕

布鲁图斯担心的是新宪法下司法独立借助宪法解释变为司法至上。他说，在英国，法官行为良好则终身任职，是为了对抗终身任职的世袭君主对司法权的侵蚀；另外，英国的终审权属于上院，法官的判决受制于议会的一个分支。前一点是英国实行司法独立的理由，后一点则是英国的司法独立不会变成司法至上的保证。

美国并没有世袭君主，政府中唯一终身任职的是法官，当任命他们的总统和参议员都下台的时候，他们还在台上；在这种情况下，最高法院又拥有终审权，即使犯了错误也无人纠正，而对法官的弹劾又仅限于“因叛国、贿赂或其他重罪和轻罪”(1787 年宪法第 2 条第 4 款)，很难因为法官的错误判决而对他们提起弹劾，司法将凭借他们的独立地位享有不受控制的权力。“他们独立于人民，独立于立法，独立于天底下的任何权力。处在这个位置上的人，很快就会觉得他们独立于上天本身。”〔2〕

---

〔1〕《联邦论》，第 81 篇，第 558 页。

〔2〕 Hamilton, Alexander, James Madison and John Jay, *The Federalist*, Cambridge University Press, 2003, p. 525.

应该说,"布鲁图斯"的担心并不是多余的。按照最初《弗吉尼亚方案》中"复决会议"的设计,司法参与行政对立法的复决,这种复决还有可能被议会的绝对多数再次推翻,但在制宪会议进行的过程中,司法参与的立法复决被否定,最终立法否决权只授予总统;司法退出了一种可被推翻的立法复决权,但却可能借助宪法解释获得一种无法被推翻的立法复决权。这一点再加上法官职位的终身性,的确有可能形成司法不受任何控制的至上权力。

针对"布鲁图斯"的怀疑,汉密尔顿在《联邦论》第78篇中提出了对1787年宪法中法官终身任职的三点辩护理由。

汉密尔顿论证法官终身任职的第一个理由是三权中司法最弱。"总统不仅能分配荣誉,而且掌握社会之剑。议会不仅控制钱袋,而且制定每个公民都要遵循的义务和权利规则。反之,法官既不能影响剑和钱袋,也不能指挥社会的武力和财富,也不能对任何事情做出主动决定。可以真实地说:司法部门既无兵力又无意志,它只有判断;最终还要依靠行政部门伸手协助,才能使法庭的判断生效。"[1]汉密尔顿的论证从经验层面看当然是正确的,司法权的确先天最弱;但是,如果因为法院最弱而赋予它一个最强的权力,那就可能使最弱的分支变成最

---

〔1〕《联邦论》,第78篇,第535页。

强的分支，最不危险的权力变成最危险的权力，汉密尔顿的论证在逻辑上并不能解决这样的质疑。

汉密尔顿论证法官终身任职的第二个理由是以司法独立保障限权宪法。这里限权宪法是指“对议会的立法权列出特定例外的宪法。例如，议会不得通过剥夺公权的立法，不得通过溯及既往的立法，等等”。[1] 这里汉密尔顿分别诉诸代表制原理和基本法理论。首先，人民高于议员，所以宪法高于议会立法，违反宪法的议会立法无效。其次，法官应当把宪法而不是议会立法视为基本法：“解释法律的权力，是法院的适当而又特有的领域。其实，宪法就是，而且必须是，法官眼中的根本大法。因此，确定宪法的含义，确定议会任何立法的含义，都属于法官。倘若二者之间不巧发生不可调和的分歧，自然应该以拥有更高的义务和有效性者为优先；换句话说，宪法高于议会立法，人民的意向，高于议员的意向。”[2] 宪法高于议会立法，这自然不错，但这并不意味着法官就一定是判断这一问题的唯一人选。为什么总统就不能拥有这种权力？为什么人民不是更好的判断者？

正是在这一点上，汉密尔顿最终亮出了他为法官终身任职辩护的终极理由。人民和人民的代表都

[1] 《联邦论》，第78篇，第536页。
[2] 《联邦论》，第78篇，第537页。

是不值得信赖的，只有法官的坚定性和他的专业性值得信赖，而终身任职则是法官坚定性和专业性的制度保障。“法官的独立之所以重要，还不单纯是制止违反宪法的行为，也在于对付社会中偶尔会出现的败坏情绪。这种败坏情绪，有时会进一步延伸，通过不公正和偏颇的立法，伤害公民中某些特定阶层的私人权利。这时，法官的坚定性具有重大作用，来缓和其严重性，对这些立法的执行加以限制。”〔1〕“我们期望从法官身上得到的那种不屈不挠，始终坚持宪法和个人权利的精神，显然不能从短期任期的人身上得到。”〔2〕这实际上是论证，只有终身任职才能保证法官的坚定性。“为了避免法庭任性断案，法官必须受到严格的规则和先例的束缚，……先例中的记载，势不可免会膨胀成堆积如山的文件，要求使用漫长的时间，通过艰苦卓绝的研习，才能成长为能干的、知识渊博的法官。因此，在社会中，只有很少一部分人，能在法律方面获得足够的技能，堪当法官之任。……一个短暂的任期，自然会使这样的人才退避，放弃他们收入丰厚的律师行业，接受法官的职位……”〔3〕这实际上是论证，只有终身任职，才能保证法官的专业性。显然，终身制并不

〔1〕《联邦论》，第78篇，第539页。引文稍有改动。
〔2〕《联邦论》，第78篇，第540页。
〔3〕《联邦论》，第78篇，第540页。

是吸引有法律专业人士担任法官的唯一途径。这样，论证法官终身任职的唯一理由便剩下终身任职可以保障法官的坚定性。然而，终身任职只能保证已经具备坚定性的人继续保持他的德性，而不是一种筛选具备这种德性的人来担任法官的有效途径。

“布鲁图斯”是从英国以法官终身制对抗君主世袭制的角度来质疑1787年宪法中的法官终身制的，汉密尔顿仅仅回答说：“在君主国，法官行为良好得以继续任职，对君主实行暴政，是一种极好的遏制。在共和国，法官终身任职，对议会越过权限，以势压人，也是极好的遏制。”〔1〕这并不能算是一个有效的回应。英国是以一种终身制对抗另一种终身制，而美国却是以一种终身制对抗任期制。

其实，“布鲁图斯”并不反对法官终身任职，而是担心法官终身制和法院的终审权结合，造就司法至上、无法制约的局面。英国的法官终身任职，但英国司法的终审权在上议院，属于议会的一个分支，从而没有这样的危险。但美国最高法院的法官既终身任职，又掌握终审权，这种危险是现实存在的。汉密尔顿回应这一点时说，美国的议会没有终身任职的分支，倘若“初审由终身任职的法官担任，终审却由任期有限、成员不断变化的机构担任，实属

〔1〕《联邦论》，第78篇，第535页。

荒谬”。[1] 因为议员没有法官那样的专业知识，同时议会中“党争的瘟疫，有可能毒化司法的清泉”。[2] 但汉密尔顿承认，对法院的错误判决，议会的确无法纠正个案，但可以“制定一条新规则，供今后的案件使用”。[3] 但汉密尔顿并没有意识到，议会的这种以立法纠正司法个案的做法，对法官的违宪判决并不适用。汉密尔顿最后说，对犯错误的法官，也可以使用弹劾。他实际上是承认了，1787年宪法中蕴含的司法至上的可能性只有事后补救，而无法事前预防。

四、“马伯里诉麦迪逊”案与最高法院终审权的确立

最高法院的终审权最终到马歇尔法院手中变为现实。在杰伊和艾尔斯沃斯法院期间，最高法院法官忙于巡回审判，最高法院本身行使司法权的机会并不是很多，也没有太大作为。[4] 直到1800年联邦党在国会和总统两个分支选举失利，联邦党国会

---

〔1〕《联邦论》，第81篇，第559页。

〔2〕《联邦论》，第81篇，第559页。

〔3〕《联邦论》，第81篇，第560页。

〔4〕 Matthew P. Harrington, *Jay and Ellsworth, the First Courts: Justices, Rulings and Legacy*, ABC-CLIO, 2008.

才在政权移交关头，匆匆忙忙地通过了 1801 年《司法法》（Judiciary Act of 1801），试图加强联邦司法系统，在联邦司法系统中保存党的实力。该法将最高法院大法官的人数从原来的 6 人减为 5 人，一方面是不想给新当选的杰斐逊总统留下任命大法官的机会，另一方面也是为了避免最高法院的判决出现票数相等的状况——这意味着联邦党国会希望最高法院成为一个真正坐堂问案的法院。即将卸任的亚当斯总统最终选择了他的国务卿马歇尔担任首席大法官，以承担这一使命。联邦党的其他措施还包括设立 16 个联邦巡回法官，在哥伦比亚特区设立 42 个任期 5 年的治安法官职务。马伯里就是这 42 个治安法官之一。

由于国务卿马歇尔本人的失误，马伯里的任命状没有及时发出，继任的国务卿麦迪逊拒绝送出，从而引发了“马伯里诉麦迪逊”一案。1803 年，已转任最高法院首席大法官的马歇尔作出了对此案的判决。熟悉此案判词的人都知道，马歇尔针对马伯里的诉求提出了三个问题：其一，马伯里是否有权要求国务卿麦迪逊颁发治安法官的委任状？其二，如果他有这项权利，而且此权利受到侵犯，法律是否为其提供了救济手段？其三，如果法律确实为他提供了救济手段，这种救济手段是否指法院下达颁发委任状的令状？

“布鲁图斯”所担心的问题，在此案判决书中得到了淋漓尽致的反映。马歇尔对第一个问题的回答，建立在对宪法第2条第2款中“任命”（appoint）这个概念和第2条第3款中“委任”（commission）这个概念的区分上。马歇尔认为，马伯里的治安法官职务，属于宪法第2条第2款总统“任命”的范围，而不是宪法第2条第3款总统“委任”的范围。对于总统“任命”的职务，“法庭意见是，在总统签署委任状时，任命即已做出；而当国务卿在委任状上加盖联邦国印时，委任即告完成”。[1] 委任状是否送达并不影响任命的成立。对于马伯里来说，“由于他的委任状得到总统签署，并且经由国务卿盖印，马伯里先生得到了任命；并且由于法律在创设这个职位时，赋予官员独立于行政分支的任职五年的权利，任命不可撤销；而且赋予官员受这个国家法律保护的法律权利”。[2]

马歇尔对第一个问题的回答体现了卓越的普通法技艺，对“任命”和“委任”两个概念的区分堪称经典。但马歇尔对第二个问题的回答却不是基于宪法的文字，而是所谓“有权利即有救济”的原理。同时，他还认为麦迪逊遵照新任总统杰斐逊的指示扣留委任状的行为不属于总统的行政裁量权，

---

〔1〕 *Marbury v. Madison*, 5 US 137 (Supreme Court 1803).

〔2〕 同上。以下使用裘浩镭、黎军的译文，有改动。

不是政治行为，应当受到司法审查。

马歇尔在对前两个问题都做了肯定回答之后，却话锋一转，说本院无权向国务卿麦迪逊发布马伯里所要求的令状。理由是1789年《司法法》（Judiciary Act of 1789）第13条所规定的最高法院“有权在法律原则和法律惯例担保的案件中，对在合众国权威下任命的法院或公职人员发布令状”[1]超过了1787年宪法第3条第2款对最高法院初审管辖权的授权。

1787年宪法第3条第2款规定，“涉及大使、公使和领事以及一州为一方当事人的一切案件，最高法院具有初审管辖权。对上述所有其他案件，不论法律方面还是事实方面，最高法院具有上诉审管辖权，但须依照国会所规定的例外和规章”。马歇尔对这一条里最高法院的初审管辖权做了严格解释：

“在法庭上有人坚决主张，由于管辖权的最初授予是一般性的，而且将初审管辖权授予最高法院的条款中并不包含任何否定性或限制性语句，因此，除了那些在条文中具体列举的案件之外，在其他案件中，将初审管辖权授予最高法院的权力保留给了立法机关，假如那些案件属于联邦司法权的管辖范围。

---

[1] 1789年《司法法》的原文是“The Supreme Courtshall have [...] power to issue [...] writs of *mandamus*, in cases warranted by the principles and usages of law, to any courts appointed, or persons holding office, under the authority of the United States”。

如果宪法的意图是把分配最高法院与下级法院之间的司法权，留待立法机关的裁量权来处理，根据其意志来分配，那么，除了界定司法权和应授予司法权的法庭，宪法做进一步规定肯定是没有意义的。如果解释应该是这样，那么该条款的后一部分规定纯粹是冗词赘句，完全没有意义。如果国会有权在宪法宣布其管辖权应该是初审管辖权之处授予本院上诉管辖权，或者在宪法宣布它应该是上诉管辖权之处授予本院初审管辖权，那么，宪法中对管辖权所做的分配，不过是没有实质内容的形式而已。

在使用过程中，肯定性词句往往是对除了那些被肯定对象之外的其他对象的否定；在本案中，它们必须被赋予否定性或排他性的含义，否则它们就毫无作用。"[1]

马歇尔通过对宪法第 3 条最高法院初审权的严格解释，不但否定了最高法院对本案的初审管辖权，更重要的是，他确立了最高法院的初审管辖权只限于宪法用肯定性词语所列举的几项："涉及大使、公使和领事以及一州为一方当事人的一切案件"，而其他案件的管辖权都只能是上诉管辖权。又因为最高法院之上再无上诉机构，在明确最高法院为一上诉法院，以上诉管辖为原则，以初审管辖为例外的同时，也就明确了最高法院终审法院的地位。

---

〔1〕 *Marbury v. Madison*, 5 US 137 (Supreme Court 1803).

如果说“马伯里诉麦迪逊”一案是否建立了司法审查还有可议之处，[1] 马歇尔在此案中摆脱初审管辖、确立最高法院终审法院地位的意图却是明确的。麦迪逊在《联邦论》第10篇中写道：“没有人被容许担任自己的法官，因为他的利益必然会使他的判断带上偏见，必然使他的人格遭到腐蚀。”[2] 马歇尔在“马伯里诉麦迪逊”一案中对前两个问题的回答其实都是在解释宪法第2条中总统的权力，而对第三个问题的回答却是在解释宪法第3条中最高法院的权力，也就是自己的权力。当最高法院在一个涉及自身的案件中做法官的时候，它没有意识到，这条自然正义的原则已经被败坏了。

〔1〕 D. M. Douglas, “The Rhetorical Uses of Marbury v. Madison: The Emergence of a Great Case”, *Wake Forest L. Rev.* 38 (2003): p. 375; Mark A. Graber, “Establishing Judicial Review: Marbury and the Judicial Act of 1789”, *Tulsa Law Review* 38, 2002-2003, p. 609.

〔2〕《联邦论》，第10篇，第60页。引文有改动。

第八章

民主与多数的暴政

1831 年 5 月 9 日，阿列克谢·德·托克维尔（1805-1859）和他的朋友古斯塔夫·德·博蒙抵达美国罗得岛的新港，开始他们为期九个月的美国之旅。表面上，他们是受法国政府的指派，来美国考察监狱惩戒制度。但实际上两人的考察远远超出了这个范围，而涉及美国社会的方方面面。回国后，两人除了 1833 年合作出版了《美国的惩戒制度及其在法国的运用》这篇考察报告外，博蒙还以小说的形式表达了他对美国社会问题尤其是奴隶制问题的看法，[1] 而托克维尔则分别在 1835 年和 1840 年发表了他对一个更广泛的题目的思考：《论美国的民主》上、下卷。

《论美国的民主》上卷劈头第一句话就是："我在合众国逗留期间见到一些新鲜事物，其中最引我

〔1〕［法］古斯塔夫·博蒙：《玛丽或美国的奴隶制》，裴亚琴译，上海人民出版社 2006 年版。

注意的，莫过于身份平等。我没有费力就发现这件大事对社会的进展发生的重大影响。它赋予舆论以一定的方向，法律以一定的方针，执政者以新的箴言，被治者以特有的习惯。"〔1〕但如果同时浏览一下博蒙的著作，人们马上就会提出一个疑问，奴隶制难道不是美国最不平等的制度吗？为什么从一个奴隶制国家考察回来的人，会认为平等却是这个国家的最吸引他注意的呢？

一、民主与不平等

实际上，托克维尔在美期间，不是没有注意过美国的奴隶制问题。博蒙在《玛丽或美国的奴隶制》一书的第六章，曾栩栩如生地描述过一个被奴隶贩子残害以至于精神失常的黑人奴隶：

> 正当我陷入这些伤感的沉思时，我听到一阵令人毛骨悚然的尖叫声。一个守卫告诉我，这是一个极其疯狂的黑人在叫喊；他疯掉的原

〔1〕［法］托克维尔：《论美国的民主》，上卷，董果良译，商务印书馆2009年版，第4页。英译本中，"身份平等"被译为"equality of conditions"。A. de Tocqueville, *Democracy in America: Historical-Critical Edition of De la démocratie en Amérique*, ed. E. Nolla, trans. J. T. Schleifer, Vol. 1, Liberty Fund, 2010, p. 4.

因是这样的：马里兰有一个名叫沃尔福克的职业奴隶贩子，他把这种生意做得很大，而且他也许是美国最早的人肉贩子。所有的有色人群都知道他的名字，并对他极端痛恨，仿佛他就是奴隶制的全部邪恶的化身。这个可怜的黑人曾被沃尔福克从弗吉尼亚带到马里兰来售卖，路途中遭受了极其残忍的对待，以致精神突然崩溃了。从此，一种固执的念头就占据了他的头脑，使他得不到瞬间休息：他相信他的死敌始终在他身旁等待着时机从他身上割下一块块渴望已久的人肉来。他的狂乱十分可怕，没有人敢接近他；他把看到的每个人都当作沃尔福克；……〔1〕

托克维尔的旅行笔记显示，他们两人是 1831 年 11 月 4 日在马里兰州巴尔的摩的济贫院里见到这个精神失常的黑人奴隶的：

今天是 11 月 4 日，我们在济贫院见到一个精神错乱得很严重的黑人：在巴尔的摩有一个著名的奴隶贩子，黑人们似乎很害怕他。我说到的这个黑人想象这个人日夜紧紧跟随着他并

---

〔1〕［法］古斯塔夫·博蒙：《玛丽或美国的奴隶制》，裴亚琴译，上海人民出版社 2006 年版，第 56-57 页。

> 抓去他身上的肉。当我们进入他的单人囚室时，他正躺在地上，裹在一张毯子里，这是他唯一的衣物，他的眼睛在眼眶里转动，他脸上同时显示出恐惧和狂怒的表情。他不时地扔掉他的毯子并用手支起身子，一边喊叫着："走开，走开，别靠近我。"这是一个可怕的景象。这个男子是我见过的黑人中最漂亮的一个，他正当壮年。〔1〕

但托克维尔并没有像博蒙那样，把这个黑人奴隶写进他的作品。"在马里兰，托克维尔研究民主，而博蒙则看到了黑人。"〔2〕在《论美国的民主》上卷的最后一章《概述美国境内的三个种族的现况及其可能出现的未来》中，托克维尔集中讨论了黑人问题，但不是放在奴隶制的背景下，而是放在白、红（印第安人）、黑三个种族的种族背景中。人们会对托克维尔笔下的这个场景印象深刻：

> 我还记得，在我途经至今仍覆盖着亚拉巴马州的森林时，有一天来到一个拓荒者的木房前边。……我刚在那里坐下，来了一个印第安

〔1〕［法］托克维尔：《美国游记》，倪玉珍译，上海三联书店2010年版，第140页。

〔2〕G. W. Pierson, *Tocqueville in America*, Johns Hopkins University Press, 1996, p. 511.

女人（这里离克里克部的居住区不远），手里拉着一个五六岁的白人小女孩，看来是拓荒者的女儿。一个黑人女人跟在她们后面。这个印第安女人的打扮，集尽了野蛮人华丽装饰之大成：鼻孔和耳垂挂着铜环，头发缀着玻璃珠披散在肩上。我看得出她还没有结婚，因为她还带着贝壳项链，而按照习惯，她要是新娘，该把它放在新婚的床上。那个黑人女人，穿着一身褴褛的欧洲式服装。

她们三人都来到水池边坐下。那个年轻的印第安女人抱起小姑娘，像母亲一般对她爱抚备至。坐在旁边的黑人女人，想尽各式各样的办法逗弄小混血儿高兴。而这个小混血儿，却在她那慢条斯理的动作中表现出一种优越感，这与她的幼小年龄形成了使人惊异的对照，好像是她在屈尊接受同伴的关怀。

黑人女人蹲在小主人的面前，想尽办法迎合她的愿望，好像既分享着一种母爱，又怀着一种唯恐得罪小主人的奴性心理。而那个印第安女人，则在她的温柔的表情中，流露出一种自由自在、有点骄傲和近乎愤世的神气。

我向他们走去，默默地看着这个场面。我的好奇心显然引起印第安女人的讨厌，因为她嚯地站立起来，粗暴地把孩子推到一边，怒视了我一眼以后，便走进丛林里去了。[1]

这一段在托克维尔的旅行笔记中也可以找到。[2] 比起笔记中的原始记录，托克维尔在《论美国的民主》中做了一些小小的改动。笔记中说这是在亚拉巴马州蒙哥马利附近“一个种植园主的房子近旁”，在《论美国的民主》中则说这是“一个拓荒者的木屋”。也许两者都对，但《论美国的民主》中的表述显然减弱了这幅画面的奴隶制背景，在一幅自然荒野的背景上，白人、黑人、印第安人之间的种族关系被凸显出来，好像他们自地老天荒就生活在那里一样。

托克维尔通过印第安女人和黑人女人的不同服饰显示她们与白人之间的不同关系：印第安女人穿着华丽的民族服饰，而黑人女人却“穿着一身褴褛的欧洲式服装”。虽然我们没有理由说这是托克维尔的虚构，但在原始的《美国游记》中，并没有三个人服饰的记录。《论美国的民主》中托克维尔对于印第安女人和黑人女人服饰的描写，需要和他的以下判断连起来看：“黑人希望同欧洲人混成为一体，但他们没有能够办到。印第安人在一定程度上可以

〔1〕［法］托克维尔：《论美国的民主》，上卷，董果良译，第373页。

〔2〕［法］托克维尔：《美国游记》，倪玉珍译，第150－151页。

做到这一点，但他们不屑于做此种打算。”〔1〕

黑人没有自尊，而印第安人又过于自尊。这也体现在黑人女人和印第安女人对待白人小主人的神态上。托克维尔在两人的神态中都观察到了那种自然的母爱，但黑人女奴的母爱夹杂着奴性，印第安女人的母爱则夹杂着骄傲。托克维尔预言道：“一个是奴性使自己注定为奴，另一个是傲慢使自己必然灭亡。”〔2〕

最令人惊讶的，是那个白人小女孩身上那似乎是与生俱来的“优越感”。她还是个孩子，印第安女人爱抚她，黑人女人讨好她，而她好像是在“屈尊接受同伴的关怀”。黑人没有自尊，印第安人过于自尊，而这个白人小主子则始终保持着恰当的自尊。她的优越感不予区分地施加于两个成年人。黑人女人对此懵然不觉，而印第安女人则很敏感。当印第安女人觉察到托克维尔观察的目光后，不愿在一个成年白人面前将自己混同于那无知无觉的黑人女人，愤然走进丛林中去了。

托克维尔非常理解那印第安女人的举动，他评论道：“印第安人在他们的森林里过着悲惨的生活，

〔1〕［法］托克维尔：《论美国的民主》，上卷，董果良译，第372-373页。

〔2〕［法］托克维尔：《论美国的民主》，上卷，董果良译，第373页。

他们的思想和观点同中世纪在古堡里生活的贵族一模一样。”印第安人的丛林就像中世纪贵族的城堡。“没有一个印第安人认为在自己的树皮盖的茅屋里生活就失去了个人的尊严和因而觉得可悲。他们认为辛苦的劳动是下贱的活动，将种田的人比作耕田的牛，把我们的每一种手艺都看成是奴隶的劳作。他们对白人的能力和高超智慧倒是不乏钦佩之感，但他们在赞扬我们的勤劳的成果时，却又瞧不起我们获得这种成果的手段；在承认我们的高超时，却又觉得他们比我们还高明。在他们看来，打猎和打仗是值得人干的唯一工作。”〔1〕印第安人这种不合时宜的贵族心态，托克维尔并不陌生，因为他本人正出身于一个法国的贵族世家。

托克维尔本人生于法国大革命爆发以后，他的外祖父母、姨妈、表兄弟都在大革命中被处死；他的父母本来在监狱里等待上断头台，罗伯斯庇尔政权垮台才意外逃出生天。但和他的家人不同的是，托克维尔在法国大革命之后的知识环境中成长为一个自由派；不过，和其他自由派不一样的是，他终其一生都是个贵族自由派。〔2〕

《论美国的民主》一书也是从一个贵族自由派

---

〔1〕［法］托克维尔：《论美国的民主》，上卷，董果良译，第382页。

〔2〕参见［英］拉里·西登托普：《托克维尔传》，林猛译，商务印书馆2013年版。

的角度看待美国的“民主政治”（上卷），和当时已经开始流行的“平等文化”的（下卷）。通观全书，托克维尔虽然研究的是“平等”，他最关心的却是“自由”；他笔下写的是美国这个没有发生过大革命的国家，心里想的却是革了国王和贵族的命的法国。

二、政治集权与行政分权

《论美国的民主》上卷的第一部分研究的是美国的“政体”即政府形式，从最基层的新英格兰乡镇到联邦政府都涉及了；上卷第二部分研究的是美国的“国体”即主权形式，即人民主权在美国的各种表现。

托克维尔在研究美国政体时，区分了政治集权和行政集权这两个概念。“有些事情，诸如全国性法律的制定和本国与外国的关系问题，是与全国各地都有利害关系的”，在这类事情上，“领导权集中于同一个地方或同一个人手中的做法称为政治集权”[1]（governmental centralization）。托克维尔认为，法国、英国这样的国家都已经实现了“政治集权”，路易十四号称“朕即国家”，在英国“国家就像一

〔1〕［法］托克维尔：《论美国的民主》，上卷，董果良译，第96页。

个单独的人在行动，它可以随意把广大的群众鼓动起来，将自己的全部权力集结和投放在它想指向的任何地方”。[1] 一个国家在国家层面上实现民主的前提，恰恰是这个国家已经实现了政治集权。没有实现政治集权的国家，如当时还没有统一的德意志帝国，是没有办法谈论民主的。

和自由有关的问题是，一个国家在向“政治集权”发展的同时，是否伴随着“行政集权”（administrative centralization）。托克维尔认为，所谓“行政集权”，是指在一些“国内的某一地区所特有的”“地方的建设事业”上也集中领导权的做法。[2] 之所以说美国是民主政体，是因为它在实现政治集权的同时，却保持了地方分权。

这和法国形成鲜明的对照。托克维尔认为，法国大革命同时把法国的政治集权和行政集权推进到一个新的高度。法国在路易十四时代就已经实现了政治集权，但那时的行政集权却大大不及法国大革命后。法国大革命具有“两重性”，“一个趋向于自由，一个趋向于专制”。[3] 法国大革命是一场反对

〔1〕［法］托克维尔：《论美国的民主》，上卷，董果良译，第97页。

〔2〕［法］托克维尔：《论美国的民主》，上卷，董果良译，第96页。

〔3〕［法］托克维尔：《论美国的民主》，上卷，董果良译，第107页。

君主政制的共和革命，这是它自由的一面；但革命在反对君主的同时，又反对革命前存在的、尽管已经残缺的地方分权，而试图以中央集权取代之。这样一来，政治集权和行政集权就难分难解地相伴随而发展了。托克维尔后来在《旧制度与大革命》中进一步分析了法国大革命的这个特点。[1]

与法国不同，英、美这两个国家在实现政治集权的同时，却保留了地方分权等有利于自由的制度。这一点上美国更优于英国。托克维尔特别重视美国新英格兰地区的乡镇自治制度。这些乡镇当时人口两三千，行政权掌握在每年一选的“行政委员会”手中，委员会的组成，大的乡镇九人，小的乡镇三人。如果行政委员会或者一些选民打算创办一所学校，行政委员的工作就是找一个日子，召集全体选民开会，会上把所有问题讨论清楚之后，责成行政委员会执行大会的决议。

除了行政委员会，选民大会还会选出其他一些官员，比如财产估价员、收税员、治安员、文书、司库、济贫工作视察员、校董、道路管理员、教区管理员，另外还有各种负责组织救火、看青护秋、测量森林、检查度量衡具等的视察员，每个乡镇大约有十九名这样的官员。每个乡民都有义务承担这

---

〔1〕［法］托克维尔：《旧制度与大革命》，冯棠译，第2编，商务印书馆2009年版。

些职务，不承担者罚款，承担者有报酬，这样穷人担任这些职务也没有后顾之忧了。

但乡镇自治并不是乡镇独立。乡镇也要尽一些全州性的公共义务。不过，州政府规定这些义务的时候只规定一个原则，乡镇在执行的时候有它的自由和自主。比如，“赋税是由州议会表决的，但计征税款的却是乡镇；设立学校是上级的命令，但花钱办学和管理学校的却是乡镇。”〔1〕托克维尔观察到，在法国，是国家的收税员去收村镇的税，而在美国，则是乡镇的收税员去收州的税。前者体现的是行政集权已经深入到乡村，而后者则体现了政治集权和地方分权的结合。

托克维尔把新英格兰乡镇自治的起源，追溯到这些殖民地建立的初期。和南方弗吉尼亚等殖民地不同，新英格兰的殖民地是由追求宗教自由或躲避母国的宗教迫害的清教徒建立的。这个清教徒社会非常平等，既没有大领主，也没有属民，成员也都受过良好的教育。更重要的是，“清教的教义不仅是一种宗教学说，而且还在许多方面掺有极为绝对的民主和共和理论”。〔2〕现代宪法的一些原则，如“人民参与公务，自由投票决定赋税，为行政官员规

〔1〕［法］托克维尔：《论美国的民主》，上卷，董果良译，第73页。

〔2〕［法］托克维尔：《论美国的民主》，上卷，董果良译，第36页。

定责任，个人自由，陪审团参加审判”,〔1〕在17世纪还没有被大部分欧洲人理解的时候，在新英格兰就已经被写进了法律之中。“在新英格兰，乡镇的政府在1650年就已完全和最终建成。根据乡镇自主的原则，人们将自己组织起来，为自己的利益、情感、义务和权利而努力奋斗。在乡镇内部，享受真正的、积极的、完全民主和共和的政治生活。各殖民地仍然承认宗主国的最高权力，君主政体仍被写在各州的法律上，但共和政体已在乡镇完全确立起来。乡镇各自任命自己的各种行政官员，规定自己的税则，分配和征收自己的税款。新英格兰的乡镇没有采用代表制的法律。在新英格兰的乡镇，凡涉及全体居民利益的事务，也像在古雅典一样，均在公众场所召开公民大会讨论决定。”〔2〕

托克维尔在追溯美国民主的根源的时候，仍然采用了他一贯的方法。他首先从生活在北美大陆的各个种族中区分出白人殖民者，又从白人殖民者中区分出英裔美国人，再又从英裔美国人中区分出新英格兰的清教徒，从清教的教义中，他发现了一种民主和共和的理论，而这些清教徒正是按照这种教

---

〔1〕［法］托克维尔：《论美国的民主》，上卷，董果良译，第44页。

〔2〕［法］托克维尔：《论美国的民主》，上卷，董果良译，第45页。

义组织他们的政治社会的。

但是，清教的教义中也不全是自由和平等。康涅狄格邦1650年的法典中，直接从《圣经》中抄了不少条文，“渎神、行妖、通奸和强奸者，均处死刑”。[1] 对这样的带有强烈宗教色彩的法律，以及英裔美国人从英国带来的一些并非源于清教、而是源于英国的法律——如保释这种有利于富人不利于穷人的法律，[2] 托克维尔都仔细地区分了出去，没有将其纳入“民主共和”的范畴。

托克维尔的考察说明，作为美国民主基础的人民主权原则并不是美国革命一声炮响带来的，而是从新英格兰殖民地建立之初就已经确定下来的。只不过，那时的人民主权原则还仅局限在乡镇。“美国的革命爆发了。人民主权原则走出乡镇而占领了各州政府”，[3] 美国革命使得源于清教、来自新英格兰乡镇的这个政治原则，成为整个美国的政治原则。

革命将这一原则扩散到新英格兰之外的其他地区。如马里兰本来是一些大地主建立的，却第一个宣布了普选。“选举权的范围越扩大，人们越想把它

〔1〕［法］托克维尔：《论美国的民主》，上卷，董果良译，第45页。

〔2〕［法］托克维尔：《论美国的民主》，上卷，董果良译，第50页。

〔3〕［法］托克维尔：《论美国的民主》，上卷，董果良译，第62页。

扩大，因为在每得到一次新的让步之后，民主的力量便有增加，而民主的要求又随其力量的增加而增加。没有选举资格的人奋起争取选举资格，其争取的劲头与有选举资格的人的多寡成正比。最后，例外终于成了常规，即接连让步，直到实行普选为止。"〔1〕革命中，从英国带来的长子继承制被废除，限嗣继承法被修改，带有贵族色彩的美国南方的社会状况，也由于继承法变为平分继承制而变得更为平等了。到托克维尔访问美国的时候，这一始于新英格兰地区的平等浪潮，已经涌向了密西西比河流域的西部和西南部诸州。访问过这个地区的托克维尔评论道："在西部，我们可以看到民主达到了它的极限。"〔2〕

三、人民主权与多数的暴政

托克维尔在《论美国的民主》上卷第一部分中的考察表明，美国的政治集权和地方分权实际上是建立在同一个原则基础之上的，这个原则就是人民主权原则。乡镇自治的基础是它，州权的基础是它，

〔1〕［法］托克维尔：《论美国的民主》，上卷，董果良译，第63页。

〔2〕［法］托克维尔：《论美国的民主》，上卷，董果良译，第57页。

联邦宪法的基础也是它。在这一部分，托克维尔的分析基本上没有超出汉密尔顿等人在《联邦论》中的议论。实际上，《联邦论》也是托克维尔描述联邦政府的主要参考资料之一。

但是，在上卷的第二部分，一旦从原则的层面进入实践的层面，托克维尔便立刻敏锐地发现："在美国，也像在由人民治理的一切国家一样，多数是以人民的名义进行统治的。"[1]

《联邦论》中曾经讨论过多数以人民的名义进行统治的这个问题。麦迪逊在《联邦论》第10篇中称之为多数参与的党争。为了防范这种党争，联邦派主导的美国立宪，将共和国的半径从各邦扩大到联邦，为多数的联合制造地域上的困难；立宪者还设计了复杂的互不隶属的官员产生模式，以及复杂的互不重叠的官员任期，这种分权既是为了限制官员的权力，也是为了限制选民的联合。他们设想的人民主权的直接行使是一次性的，只限于立宪。立宪之后的立法完全交给人民代表，在联邦层面就是国会两院。这就是美国1787年《宪法》文本中的立宪与立法二元制。《宪法》序言宣称"我们美国人民……制定宪法"，《宪法》第1条第1款则规定"本宪法授予的全部立法权，属于由参议院和众议院

[1]［法］托克维尔：《论美国的民主》，上卷，董果良译，第194页。

组成的合众国国会”。

然而托克维尔一到美国，就发现这种将人民主权的行使排除出立法过程的设想根本没有实现。当时美国的北方致力于发展工业，而南方还是农业区，北方和南方在关税和贸易自由问题上持针锋相对的立场。北方主张贸易禁运，以保护自己孱弱的工业不受欧洲进口产品的影响，而南方则主张贸易自由，因为进口的工业品质优价廉。这种基于利益不同而形成的党争，在麦迪逊看来，根本无法消除，只能控制其后果。〔1〕联邦派的思路是将这种分歧纳入一个代表制的政治过程，由地主、商人、知识分子等精英组成的代表们在国会中理性地协商解决。〔2〕

然而，在托克维尔看来，联邦派本质上还是来自南方的贵族党，虽然“他们是一种与人民群众只有微小差别的贵族，容易考虑群众的感情和利益，没有激起人们的爱或憎”，〔3〕但“他们抗拒了他们时代和他们国家一些难以抵制的偏好”，“他们的理论……不适用于他们想要去治理的社会，所以这个社会迟早要由杰斐逊去治理”。〔4〕联邦党是一个贵

〔1〕［美］汉密尔顿等：《联邦论》，尹宣译，第10篇，译林出版社2010年版，第61页。

〔2〕《联邦论》，第35篇，第228-230页。

〔3〕［法］托克维尔：《论美国的民主》，上卷，董果良译，第53页。

〔4〕同上书，第198页。

族党，他们想要治理的社会却是一个民主的社会。到托克维尔访问美国的时候，联邦党退出全国政治舞台已经三十年了，那种人民只有在制宪时才能以全国会议（convention）的形式出场的观念早已变得陈腐不堪。《论美国的民主》记载了一个关于关税的全国会议怎么开起来的例子：

> 1831年，当争论处于最激烈的时候，一个名不见经传的马萨诸塞州公民想出一个办法，即通过报纸向反对现行税制的人建议，请他们派代表到费城，共同研究恢复贸易自由的办法。这项建议，经过报刊转载，没有几天就由缅因州传到新奥尔良。反对现行税制的人热烈地采纳了这项建议，他们到处开会，推选代表。选出的代表都是知名人士，有的人还大有名气。南卡罗来纳州为此问题还拿起了武器，仅它一州就派去63名代表。1831年10月1日，一个按照美国人的习惯取名为全国代表大会的大会，于费城召开，有二百多人参加。会上的辩论是公开的，大会自开幕日起就具有立法的性质。会上讨论了国会的职权范围、自由贸易理论和税则。第十天，大会在草拟一封致美国人民的信后闭幕。这封信中宣称：（1）国会无权制定关税税则，现行税则是违宪的；（2）不准自由

贸易对任何国家均无利益，特别是对美国。[1]

这件事的原始记载在《美国游记》中也可以找到。这位发动全国会议的马萨诸塞州公民，托克维尔还与他见过面。在笔记中，托克维尔还写下了他当时的感想："召集全国会议的权利是人民主权学说最极端的后果。""我在美国见到的一切事物中，最令我震惊的是作为人民主权的危险后果并且在我国难以实施的这种全国会议。"[2] 在《论美国的民主中》，托克维尔只是将这个例子作为美国的无限结社自由的一个证明，并说"至今在美国还未产生在别处也许会产生的致命后果"。[3] 但他同时也提到，"1831 年的大会对不满政府措施的人起了很大影响，促使他们对联邦商业法进行了公开造反"。[4]

一方面相信"一切权力的根源""存在于多数的意志之中"，一方面又认为"人民的多数在管理国家方面有权决定一切"这句格言是"渎神的和令人讨厌的"；[5] 一方面认为"必然有一个高于其他

---

〔1〕［法］托克维尔：《论美国的民主》，上卷，董果良译，第 216 页。

〔2〕［法］托克维尔：《美国游记》，倪玉珍译，第 196 - 197 页。

〔3〕［法］托克维尔：《论美国的民主》，上卷，董果良译，第 216 页。

〔4〕同上书，第 217 页。

〔5〕同上书，第 287 页。

一切权力的社会权力”，一方面又相信，“当这个权力的面前没有任何障碍可以阻止它前进和使它延迟前进时，自由就要遭到破坏”。[1] 托克维尔本人都感觉到了自己的自相矛盾。他只好自我解嘲说，他相信在人民的主权之上还有“人类的主权”（sovereignty of the human race）。但是，当人类中的多数也“团结得像一个人似地行动，以在观点上和往往在利益上反对另一个也像一个人似地行动的所谓少数”[2] 的时候，不也会造成人类中的“多数的暴政”吗？因为所谓“多数的暴政”中的多数，本来就是一个组织概念，而不是一个数量概念。举一个数字的例子。在 10 000 人中有 2 个人联合起来，在观点或在利益上达成一致，而其他人都还各自为阵的时候，这 2 个人就是多数，因为其他没有联合起来的 9998 个个体都是“1”，而 2 总是大于 1。这个道理既适用于一个 1300 万人组成的国家，也适用于几十亿人组成的人类。托克维尔不可能看不到这一点。

在讨论“多数的暴政”时，托克维尔举了两个例子。一个是巴尔的摩一家报纸编辑告诉他的，是 1812 年战争期间发生的一件事。当时巴尔的摩人非

---

〔1〕［法］托克维尔：《论美国的民主》，上卷，董果良译，第 289 页。

〔2〕同上书，第 288 页。

常支持这场战争，而当地一家报纸则持反对态度。结果“人民自动集合起来，捣毁了报社，袭击报社人员的住宅。……最后，为了保护生命受到愤怒的公众威胁的那些无辜者，而把他们当作罪犯投入监狱。这项预防措施并未生效。人民在夜里又集合起来，当地的行政官员去召集民兵来驱散人群，但没有成功；监狱被砸开大门，一名记者就地被杀，还要处死报社的其他人员，但犯下这些罪行的人经陪审团审理后，被宣判无罪”。〔1〕

这种民粹主义的暴力行为毫无疑问是“多数的暴政”，这很好理解。但托克维尔同时又举了另外一个例子。在宾夕法尼亚这个教友会教徒建立的州里，已经获得解放的黑人在法律上是享有选举权的，但是在选民的会议上却连一个黑人也见不到，“法律因为得不到多数的支持而失效。……多数对黑人最有偏见，各级行政官员也爱莫能助……”〔2〕 一位很有学识的教友会教徒史密斯先生对托克维尔说：“黑人享有选举的投票权，但他们却不可能出现在投票站而不受虐待。”〔3〕 虽然这位史密斯先生自己相信黑

〔1〕［法］托克维尔：《论美国的民主》，上卷，董果良译，第290页。引文稍有改动。另见 A. de Tocqueville, *Democracy in America: Historical-Critical Edition of De la démocratie en Amérique*, vol. 2, p. 414; ［法］托克维尔：《美国游记》，倪玉珍译，第140-141页。

〔2〕［法］托克维尔：《论美国的民主》，上卷，董果良译，第290页。

〔3〕［法］托克维尔：《美国游记》，倪玉珍译，第137页。

人和白人是同样的人种，“就好比一只黑母牛和一只白母牛是同种的一样”。[1] 但宾夕法尼亚的多数显然不这么认为。

能说这种舆论上和民情上的多数专制也是一种暴政吗？在托克维尔看来，显然是可以的。和行动上的多数暴政不同，这种舆论上和民情上的多数暴政，并不一定体现为有形的暴力，却可能比有形的暴力还强大。比如，古今奴隶制都是一种暴政，但后果却是不一样的。“在古代，奴隶与其主人属于同一种族，而且奴隶的教育和知识水平往往高于他的主人。有无自由，是他们之间的唯一差别。一旦赋予奴隶以自由，奴隶就与奴隶主容易混为一体。因此，古代人取消蓄奴制的办法很简单。这个办法就是给予奴隶以自由”。奴隶获得自由之后，会有“一种扎根于民情的想象的不平等。但在古代，奴役的这种第二次效果有一个极限。奴隶一旦获得自由，就将与生来自由的人完全一样，以致很快就无法把他与那些自由人区别开来”。[2]

但美国白人对黑人的种族奴隶制却与此不同。这种奴隶制，“把蓄奴制的无形的和短期的压迫与种族差别的有形的和长期的压迫极其有害地结合在一

〔1〕［法］托克维尔：《美国游记》，倪玉珍译，第207页。

〔2〕［法］托克维尔：《论美国的民主》，上卷，董果良译，第397页。

起来了”。“黑人一出生就将其耻辱的外在标志传给了他们的后代”。“你可以使黑人获得自由，但你无法使欧洲人把他们看成是自己人”。这种扎根于民情的想象的不平等似乎比真正的不平等还要强大，白人看黑人，“只勉强承认他们具有人类的一般特点”，除此之外，普遍认为“他们的面貌可憎，他们的智力有限，他们的趣味低下，而且几乎把他们视为介于人兽之间的生物”。那种认为黑人和白人之别就像黑母牛和白母牛之别的观点是很少见的，就连托克维尔本人都认为“为了使白人放弃他们的认为黑人智力和道德均不如古代奴隶的观点，黑人必须转变，而且如果不能转变，白人的这种观点仍将存在下去”。[1] 一句话，美国的奴隶制不但是法制上的，而且是民情上的，不但是有形的，而且是无形的。

要废除有形的法制上的奴隶制容易，但要废除无形的民情上的奴隶制却很难。在美国期间，托克维尔还观察到，法制上的奴隶制和民情上的奴隶制甚至存在一种此消彼长的关系。在废除了奴隶制的北方州，种族偏见和肤色偏见比保留奴隶制的南方州还要强烈。在南方，“黑人有时还能与白人一起劳动和一起娱乐，白人也同意在一定范围内与黑人混在一起。立法对待黑人很严，但人们的习惯却有比

〔1〕［法］托克维尔：《论美国的民主》，上卷，董果良译，第398页。

较宽容和同情的精神”。[1] 托克维尔在亚拉巴马州观察到的黑、白、红三个种族不失温馨地聚在一起的那一幕，就是一个例子。

但在官方法律废除奴隶制的北方地区，民间却建立起种族隔离制作为替代。在学校、剧院、医院、教堂甚至墓地，黑人都被白人隔离在外。博蒙在《玛丽或美国的奴隶制》一书的开头，就描绘了一幕让他瞠目结舌的剧院里的种族隔离的情景：白人坐一等包厢，混血儿坐二等包厢，黑人坐三等包厢。血统而不是肤色，才是最终的判断因素。一个皮肤纯白的少女，因为祖先中有一个混血儿，坐在二等包厢里，而一个肤色很黑的女士，因为血管里流着西班牙人的血，则坐在一等包厢里。[2]

奴隶制在法律上被废除的同时，种族隔离却在民情上建立了。托克维尔深刻地分析了白人的心理。他说，如果法律上不容许黑白通婚，一个白人男子倒可能找一个黑人女子作为临时伴侣行乐，像在南方常见的那样；但法律上容许黑白通婚的地方，白人男子却不会再接近黑人女子。除了害怕舆论的咒骂，白人男子更重要的心理是，法律上已经没有黑

---

〔1〕［法］托克维尔：《论美国的民主》，上卷，董果良译，第400页。

〔2〕［法］古斯塔夫·博蒙：《玛丽或美国的奴隶制》，裴亚琴译，上海人民出版社2006年版，第9–10页。

白的壁垒了，找个黑人伴侣，不就变成黑人了吗？在南方之所以没有这样的顾虑，是因为南方的白人知道，再怎么和黑人厮混，黑人还是奴隶，白人还是奴隶主，最落魄的白人也不会担心自己变得和黑人一样。这就像托克维尔描绘的那个亚拉巴马州的白人小女孩，她身上有一种与生俱来的优越感，以至于在成年黑人和印第安妇女面前，都会表现出一种主人的自尊。

美国的奴隶制是一种不平等的制度，但这种制度却是建立在美国的民主——也就是白人多数的暴政上面。在南方，这种暴政体现于白人的法律，而在北方，这种暴政却体现于白人的民情。南方的白人因为有法律奴隶制的存在而不惧和黑人混在一起，北方的白人却因为法律奴隶制的废除而建立了替代品——种族隔离制，其共同的心理都是拒绝与黑人平等。托克维尔所说的“身份平等”趋势，在这种“民主”面前止步了；美国的民主，加上美国的地方分权，恰恰维系着美国的种族不平等。

四、平等的文化与温和专制

当然，对于缓和美国多数的暴政的因素，托克维尔也注意到了。美国不存在行政集权、法学家精神以及陪审团制度是他特地提到的三点。

托克维尔所谓法学家精神制衡民主的理论，不过是对汉密尔顿用共和来制衡民主的理论的一个翻版。汉密尔顿认为，司法作为联邦政府三权中一个非民选的分支，之所以能够制衡立法机关，是因为非民选的法官具有特殊的德性和知识。托克维尔则认为，法律人爱秩序，尊重权威；他们也爱自由，但一般会把法治置于自由之上；另外，法律人“从工作中养成了按部就班的习惯，喜欢讲究规范，对观念之间的有规律联系有一种本能的爱好。这一切，自然使他们特别反对革命精神和民主的轻率激情”。[1] 总之，法律人天然地具有贵族倾向。托克维尔所谓借助法学家精神平衡民主的理论，其实质就是借助贵族精神来平衡民主的冲动。

但是，托克维尔也认识到，法学家精神平衡民主需要一些制度前提。他比较英、法两国的历史，发现英国的贵族政制一直为法律人敞开大门，所以英国法律人一直是秩序的友人和改革的敌人。而法国的法律人由于不能在政界获得地位，就成为革命的急先锋，1789 年领导人民推翻了法国的君主政制的就是这帮法律人。在美国，因为本来不存在贵族，律师、法官这些法律人就乘虚而入，成为美国的贵

---

[1] ［法］托克维尔：《论美国的民主》，上卷，董果良译，第 303 页。

族阶层；除了司法机构，美国的法律人还垄断了立法机构，司法的概念和语言也被用于党派的日常论战，公务人员则把法律人的习惯和思维应用到公务活动中去。通过陪审团制度，这种精神渗透到社会的所有阶层。“司法的语言差不多成了普通语言；法学家精神本来产生于学校和法院，但已逐渐走出学校和法院的大墙，扩展到整个社会，深入到最低阶层，使全体人民都沾染上了司法官的部分习性和爱好。”[1] 托克维尔甚至得出了这样的结论：“我们越是深思发生于美国的一切，就越是确信法学界是美国的能够平衡民主的最强大力量，甚至可以说是能够平衡民主的唯一力量。”[2]

托克维尔显然言过其实了。美国历史上最大的多数暴政——奴隶制，并不是靠法学家精神平衡掉的，打掉奴隶制的是南北战争，主持战后南方重建的是联邦政府的行政集权；如果说美国最高法院后来在1954年的布朗案[3]中对废除种族隔离立过大功，但我们也不会忘掉，美国最高法院在此前的Plessy v. Ferguson[4] 一案中曾经宣布，种族隔离并

〔1〕［法］托克维尔：《论美国的民主》，上卷，董果良译，第310页。

〔2〕［法］托克维尔：《论美国的民主》，上卷，董果良译，第309页。

〔3〕*Brown v. Board of Education*, 347 US 483 (Supreme Court 1954).

〔4〕*Plessy v. Ferguson*, 163 US 537 (Supreme Court 1896).

不违反法律的平等保护（“隔离但平等”），这大大支持了种族隔离这种多数的暴政。法学家精神平衡民主、缓和多数暴政的命题，与其说是一个事实，不如说是一个理想。至于陪审团，从长远、总体看，可能是一个将法学家精神涓滴到人民中的一个学校，但这不排除它本身会成为民粹主义多数暴政的工具，如在托克维尔所举的 1812 年巴尔的摩打杀记者的暴力事件中，杀人者就是被陪审团无罪释放的。

对于美国不存在行政集权、从而有利于自由这一点，托克维尔在 1840 年发表的《论美国的民主》下卷中也给出了稍微不同的看法。

相比 1835 年发表的《论美国的民主》上卷，1840 年发表的下卷主要讨论的已经不是美国，而是更为一般的民主问题，其更恰当的名称应该是《论民主》。[1] 下卷首先讨论了民族对人的思想、情感和民情的影响，然后在此基础上，又回头讨论民主的思想与情感对于政治社会的影响。托克维尔的结论是，在民主制下，人民的思想和情感将会不断引导他们走向行政集权。

托克维尔认为，随着民主制下平等的不断深化，人们与其祖先、阶级甚至周围人的联系不断弱化，

[1] 参见甘阳对《论美国的民主》的另外一个译本的导言，甘阳：《托克维尔与民主》，载［法］托克维尔：《民主在美国》，上卷，秦修明等译，吉林出版集团有限责任公司 2013 年版，第 1-8 页。

大家的智力越来越接近，谁也不承认别人比自己强，最后每个人都只能依靠自己一己的理性对事物做出判断。表面上这似乎意味着每个人都在独立思考，但因为每个人想的都差不多，人人独立思考形成的公共舆论却又高度一致，久而久之，反而形成了一种“以多数为先知的宗教”。〔1〕

随着民主制下平等的不断深化，人们的情感也越来越个人化，形成一种个人主义的情感模式。所谓“个人主义”，“是一种只顾自己而又心安理得的情感，它使每个公民同其同胞大众隔离，退回到亲属和朋友的小圈子里。因此，当每个公民各自建立了自己的小社会后，他们就不管大社会而任其自行发展了”。〔2〕贵族制下形成的人们对家庭、家族、阶层、阶级的忠诚越来越淡漠，这使得人一方面可以去同情一个陌生的但和自己类似的人，另一方面这种同情却也变得极其稀薄。“在民主时代，每个人对全体的义务日益明确，而为某一个人尽忠的事情却比较少见，因为人与人之间的爱护情谊虽然广泛了，但却稀薄了。”〔3〕

---

〔1〕［法］托克维尔：《论美国的民主》，下卷，董果良译，第527页。

〔2〕［法］托克维尔：《论美国的民主》，下卷，董果良译，第625页。引文据英文版有改动。

〔3〕［法］托克维尔：《论美国的民主》，下卷，董果良译，第626页。

无数在思想上越来越趋同、情感上越来越脆弱的平等的个体，在政治上最需要的就是一个能够无微不至地呵护他们的巨大的利维坦。这个利维坦的“范围将会很大，但它的方法将会很温和；它只使人消沉，而不直接折磨人”。这是一种新型的专制，它和贵族制下出现过的少数的暴政，和托克维尔看到的美国的多数的暴政都有不一样的地方，它不一定是有形的、外在的，体现在法律和制度上，而更多地是作用于人们的头脑和心灵，虽然温和，却更加让人窒息。托克维尔将这种民主文化中出现的新的专制，称为“温和专制”：

> 我想描述这种专制可能以哪些新的特点再现于世界。我认为，到那时候将出现无数的相同而平等的人，整天为追逐他们心中所想的小小的庸俗享乐而奔波。他们每个人都离群索居，对他人的命运漠不关心。在他们看来，他们的子女和亲友就是整个人类。至于其他同类，即使站在他们的身旁，他们也不屑一顾。他们虽与这些人接触，但并不以为有这些人存在。每个人都独自生存，并且只是为了自己而生存。如果说他们还有一个家庭，那么他们至少已经

不再有祖国了。[1]

民主难免多数暴政，美国历史上的奴隶制和种族隔离无疑就是这种多数的暴政；废除奴隶制和种族隔离当然带来了更大范围的平等，但更大范围的平等却造就了一个原子式的个人组成的社会，这个社会中民情趋向于温和，人和人之间的关系趋向于简易，人的思想和情感趋向于同一，最终形成的不过是一个浅薄的公共舆论统治着的温和的现代专制。通读全书，与其说《论美国的民主》在赞颂民主和平等，不如说，这是一个贵族子弟对一个越来越民主和平等的世界留下的警告。

〔1〕［法］托克维尔:《论美国的民主》，下卷，董果良译，第869页。

第九章

美国言论自由的理论基础：自治还是代表制

用今天的眼光来看，1964 年美国最高法院判决的“纽约时报诉沙利文”[1] 一案，是一个典型的“警察局长的名誉权”案件，民众在媒体上批评警察局长，即使批评言论里有事实错误，算不算诽谤，算不算侵犯了警察局长的名誉权？纽约时报诉沙利文一案的判决说：否，根据美国宪法，除非该警察局长能证明这些言论里的事实错误是出于批评者“确实的恶意”（actual malice），即批评者“明知事实有误”，或者对事实“是真是假不管不顾”。[2]

公民批评警察局长，除非出于“确实的恶意”，一般情况下不算诽谤，也不算侵犯官员的名誉权，似乎已经成为当今社会的共识。但是，如果我们问一句：此事是否从来如此？中西古代臣民骂皇上、

---

〔1〕［美］安东尼·刘易斯：《批评官员的尺度》，何帆译，北京大学出版社 2011 年版。

〔2〕 *New York Times Co. v. Sullivan*, 376 US 279-280 (1964).

骂国王，难道不是要追究“煽动谋反、叛乱”的大罪吗？批评官员的言论自由，是否与不同的政制有关呢？现代人似乎已经失去了深究这个问题的兴趣。

如果我们仔细阅读布伦南法官在“纽约时报诉沙利文”一案中的判词，就会发现，布伦南对这个问题并没有轻轻放过。实际上，布伦南恰恰是在回答了这个问题之后，才确定了美国宪法第一修正案的“中心含义”。布伦南考察了美国建国初年著名的1798年《反煽动颠覆法》的争议历史之后说：“假如事实错误和诽谤的内容都不足以去除批评官员行为的宪法保护，那么这两个因素加在一起，对于去掉这种保护也是同样不够的。这是从围绕1798年《反煽动颠覆法》的大争论中得到的教训。这场争论使得国人澄清了对第一修正案的中心含义的认识。”〔1〕

一、煽动性诽谤

1798年《反煽动颠覆法》是在1791年美国宪法第一修正案之后通过的。为什么布伦南不说是1787年宪法和1791年第一修正案的制定历史，而是几年后围绕《反煽动颠覆法》的争论才使第一修

〔1〕 *New York Times Co. v. Sullivan*, 376 US 279-280 (1964).

正案的“中心含义”得以澄清呢？我们先从1787年联邦宪法到1791年《权利法案》制定过程中看一下当时人们关于这个问题的思考。

美国1787年宪法并不包括一个《权利法案》，在争取纽约邦批准1787年宪法的过程中，反对者提出，联邦宪法在这一点上不如纽约邦宪法。汉密尔顿在《联邦论》第84篇中反驳了这一指责。值得注意的是，汉密尔顿的反驳，是基于英国式的贵族共和与美国新的人民共和的不同法理做出的。

首先，他说，1787年宪法虽然没有一个单独的《权利法案》，但和纽约邦宪法一样，也包含许多权利条款。例如，联邦宪法规定，不得中止保护令的特权，除非发生叛乱或入侵时公共安全要求中止这项特权（第1条第9款第2项）；不得通过公民权利剥夺法案或追溯既往的法律（第1条第9款第3项）；除弹劾案外，一切犯罪由陪审团审判（第3条第2款第3项）；定谳叛国罪有一系列严格条件（第3条第3款第1项），因叛国罪而剥夺公民权，也不得造成血统玷污，除非在被剥夺者在世期间，也不得没收其财产（第3条第3款第2项），等等。汉密尔顿这里列出的权利条款都来自普通法。

然而，仅仅在宪法里吸纳一些权利条款或者一部《权利法案》，并不能保证这些权利在事实上得到保障。汉密尔顿说，纽约邦宪法明文规定，对所吸纳的普通法和制定法，“议会可以随时更改和制定新条款”，普通的立法权力就可以废止的权利，实在不能视为权利法案的组成部分。而“在我们的宪法之下，权利宣言应该是对政府权力本身的限制”。[1]

汉密尔顿回顾了英国权利法案的历史：

> 权利法案，就其起源而言，是国王和臣民间的一种约定，削弱君主的王权，主张部分特权，保留不宜交付君主行使的权利。男爵们手持利剑，从国王约翰那里获取的“大宪章”，就是如此。后来的君主们，承诺大宪章继续生效，也是如此。查理一世登基时，同意“权利请愿书”，是其续篇。1688 年，贵族和平民向奥伦治王子呈递的“权利宣言”，后来变成议会的一项立法。[2]

接下来，他着重阐述了英国权利法案的法理，并指出，英国权利法案的法理不适用于美国宪法：

> 因此，很明显：根据权利法案的原始含义，其并不适用于建立在人民的权力之上，由人民

[1]［美］汉密尔顿、麦迪逊、杰伊：《联邦论》，第 84 篇，尹宣译，译林出版社 2010 年版，第 593 页。引文有改动。

[2]《联邦论》，第 84 篇，第 593 页。引文有改动。

> 的直接代表及其公仆执行的宪法。在这样的宪法中，人民并没有交出任何东西；由于他们保留了一切，他们没必要再做什么特定的保留。[1]

也就是说，英国权利法案所适用的政制是“贵族共和”，而美国宪法建立的政制是“人民共和”。贵族共和制下，权利原始地保留在君主那里，贵族和平民的权利，是一点一点从君主那里讨要来的，不列举这些权利就表明没有这些权利；而在人民共和的政制下，权利原始地保留在人民那里，人民本身就没有交出任何东西，当然也就不需要把那些没有交出的权利一一列举在一部《权利法案》当中了。

汉密尔顿进一步指出，不列举这些权利并不表明没有这些权利，而列举这些权利反倒有可能失去这些权利。在宪法中列举权利的含义和范围，这种来自贵族共和政制的做法，在人民共和政制下不仅没有必要，甚至会有危险。因为这会给当权者声称他们拥有那些并未被授予的权力制造借口。汉密尔顿特别举出版自由为例：“宪法并未授权政府限制出版自由，为什么要说出版自由不受限制那样的话？……很清楚，这对打算篡权的人，会提供一种说的

〔1〕《联邦论》，第84篇，第593页。引文有改动。

过去的借口，声称自己拥有那项权力。他们会做出理性的样子，敦促说：既然没有授予政府这项权力，宪法里就不应该包含这种荒谬的条文，并且提出：这项反对限制出版自由的条文，会提供一个明显含义，说明预先规范和适当管理出版自由的权力，意图寓于全国政府。"〔1〕

最后，汉密尔顿得出了他的结论，在人民共和的政制下：宪法本身就是**权利法案**。〔2〕也就是说，人民共和政制下，由于权利原本就保留在人民那里，也就无需像在贵族共和政制下那样一一列举；人民共和政制下，保证人民权利不受侵犯的最好方式是设计一个权力被明确列举出来的政府，是政制而不是一纸权利宣言，才是人民权利的最好保障。

汉密尔顿关于"宪法本身就是权利法案"的理论并没有说服反对者。在批准联邦宪法的过程中，有的邦如马萨诸塞，将日后第一届联邦国会制定一个联邦权利法案作为批准的前提。1791 年，麦迪逊执笔的前十条修正案通过了。但其条文中还是贯彻了"宪法本身就是权利法案"的思想，这特别体现在第九修正案和第十修正案之中。第十修正案规定："宪法未授予合众国、也未禁止各邦行使的权力，由各邦各自保留，或由人民保留。"表明了人民共和、

〔1〕《联邦论》，第 84 篇，第 594 页。
〔2〕《联邦论》，第 84 篇，第 595 页。

权利原始地由人民保留的法理；第九修正案规定：“本宪法对某些权利的列举，不得被解释为否定或轻视由人民保留的其他权利。”以此杜绝列举一些权利所可能带来的否定或轻视其他保留权利的弊端。此法理还体现在第一修正案的句式中：“国会不得制定关于下列事项的法律：确立国教或禁止信教自由；剥夺言论自由或出版自由；或剥夺人民和平集会和向政府请愿伸冤的权利。”这个句子并没有采用人民有什么样的权利（言论、出版、集会自由）的表述方式，而是采取了国会无权立什么样的法的表述方式，因为采用前者，会被解释为人民的权利是被授予，而不是原始保留的；后者的表述方式，实际上和宪法第1条第8款中国会不得如何如何的表述一致，表明这一修正案实际上是对宪法第1条的增补，是美国宪法的一部分，而非英国式的权利法案的一部分。

然而，汉密尔顿和麦迪逊对言论自由和出版自由的人民共和式理解，并没有动摇普通法传统中的煽动性诽谤（seditious libel）制度。1798年，正是在联邦党人控制的国会中，通过了《反煽动颠覆法》，将普通法中的煽动性诽谤变成了国会的制定法。

在英国法律传统中，出版自由仅仅指废除特许出版制度，免除事前审查。英国的特许出版制度始于1538年亨利八世统治时，弥尔顿的《论出版自由》反对的正是这种制度。这种制度一直实行到1694年方寿终正寝。普通法传统中并不把煽动性诽谤视为对出版自由的限制。布莱克斯通在1765-1769年的《英格兰法释义》中写道：

> 渎神的、不道德的、鼓吹叛国的、鼓吹分裂的、煽动的、造谣中伤的诽谤（blasphemous, immoral, treasonable, schismatical, seditious, or scandalous libels），统统受英格兰法的制裁，有的重一些，有的轻一些。出版自由对一个国家的自由至关重要；不过，出版自由只是意味着对发表没有事前限制，倘发表后造成犯罪，则不能免于制裁。每一个自由人都有一种无可置疑的权利，将任何他乐意的情绪公之于众；禁止这一点就破坏了出版自由；但是如果他发布了任何不当的、有害的或非法的东西，他必须承担他自己的鲁莽行为的后果。将出版置于特许官员的限制性权力之下，正如我们先前——在革命前和革命后——所做的那样，是把所有人的情绪的自由置于一人的偏见之下，让他去做学问、宗教和政府中所有争议观点的武断的、不会犯错的法官。但如当今的法律所作的那样，惩罚任何危险的或冒犯的作品，在这些作品发表之后，通过一场公正的、无偏向的审判，对其是否具

各邦也不能制定类似的法律。因为在联邦制这种双重代表制下，完全可以认为“保留权利”保留在各邦那里，而不一定是在人民那里。

二、“明显而即刻的危险”

第一次世界大战后美国最高法院关于言论自由的判决，构成了美国言论自由法的第二章。“纽约时报诉沙利文”案也被视为对这一时期的反拨。

自由派对这一时期的叙述，往往以霍姆斯在1919年春天到秋天之间的转变为中心。〔1〕在1919年3月的“申克诉美国”〔2〕等案件中，霍姆斯创立了判断言论是否违法的“明显而即刻的危险”标准，说美国社会党书记申克的反战言论就像“在剧院里谎称火警”，会带来“明显而即刻的危险”，国会通过《反间谍法》管制这种言论并不违反第一修正案；到了1919年10月，霍姆斯却在“艾布拉姆斯诉美国”一案中改变立场，和布兰代斯一起，认为那些无政府主义者和社会主义者散发反战传单的行为是合宪的。霍姆斯还在该案的异议意见中提出

〔1〕如［美］安东尼·刘易斯：《批评官员的尺度》，何帆译，北京大学出版社2011年版。

〔2〕*Schenck v. United States*, 249 US 47 (1919).

了言论自由的“思想市场”理论：“如果我们想确定一种思想是否是真理，就应让它在思想市场的竞争中接受检验。”[1]

但是，无论自由派如何强调霍姆斯的转变，却不能改变这样一个事实，那就是这一时期的其他著名案件，包括1925年的Gitlow v. New York[2]，1927年的Whitney v . California[3]，一直到1951年的Dennis v. U. S.[4]，统统都是根据“明显而即刻的危险”，判处各种“煽动推翻政府的言论”（Gitlow案）、赞同工团主义的言论（Whitney案），以及参加共产党这一行为本身（Dennis案）都构成犯罪。霍姆斯和布兰代斯赞同言论自由的立场并没有成为法庭的立场。

和煽动性诽谤不同，美国政府在这一时期惩处各种非法言论并不针对具体的人，而往往是某种抽象学说：或者是无政府主义的，或者是工团主义的，或者是共产主义的。这些言论的共同之处在于，与其说它们并不承认美国宪法建立的政制是合法的，毋宁说，它们的目的就是要推翻这种政制。这就提出了一个根本性的问题：一部宪法是否要保护旨在推翻它的言论？

---

〔1〕 *Abrams v. United States*, 250 US 616 (1919).

〔2〕 *Gitlow v. New York*, 268 US 652 (1925).

〔3〕 *Whitney v. California*, 274 US 357 (1927).

〔4〕 *Dennis v. United States*, 341 US 494 (1951).

“剧院里谎称火警”的比喻，以及“明显而即刻的危险”标准，都没有抓住，或者说回避了这种新的不同于以往的言论的特点。更准确的比喻应该是“在剧院里号召拆剧院”。在剧院里谎称火警的人，根本没有着火而喊救火，结果造成观众的恐慌甚至互相踩踏。但剧院里谎称火警的人没有对剧院本身提出质疑。然后，无论是第一次世界大战结束之后，还是在1950年代美苏冷战期间，《反间谍法》或《斯密斯法》要惩罚的言论，都是对剧院本身提出质疑的言论：造成剧院如此容易发生恐慌和踩踏事故的原因，正是剧院的建筑本身；改变这一状况的最好办法，就是拆除现在这种前后排座椅之间坡度太陡峭，或者座椅与座椅之间距离太密集的剧院，而另造一个宽松的、安全的剧院。

很显然，“在剧院里谎称火警”式的言论，无论出于何种动机，都很容易引起“明显而即刻的危险”，即观众恐慌而互相踩踏；而“在剧院里号召拆剧院”的言论，是否会引起这种危险却是不确定的。事实上，霍姆斯“明显而即刻的危险”这一标准，本身就来自于他在《普通法》一书中论述过的“犯罪预谋”的思想，所谓“明显而即刻的危险”只不过是对普通法上早已存在的“有害倾向”（bad tendency）标准的一种重述。[1] 本质上和布莱克斯通在1765-1769年的《英格兰法释义》中论述的“有害倾向”（pernicious tendency）标准没什么不同。

三、米克尔约翰：言论与自治

米克尔约翰在1948年发表的《言论自由及其与自治的关系》一文[2]则抓住了“在剧院里谎称火警”和“在剧院里号召拆剧院”的不同。他说，在美国宪法中实际上存在两种“言论自由”，“有一种被第一修正案宣布为不可削减的‘言论自由’，但是又有一种被第五修正案宣布为可以削减的‘言论自由’”。[3] 第五修正案规定，“无论何人，不经正当法律程序，不得被剥夺生命、自由或财产”。换句话说，第五修正案“自由”一词所包含的“言论自由”，是可以通过法律的正当程序——比如国会的立

---

〔1〕 Stephen M. Feldman, *Free Expression and Democracy in America: A History*, p. 261, University of Chicago Press, 2008. 又见［美］安东尼·刘易斯：《批评官员的尺度》，何帆译，北京大学出版社2011年版，第87页。

〔2〕 见 Alexander Meiklejohn, *Political Freedom: The Constitutional Powers of the People*，Greenwood Press，1979，中译本见［美］米克尔约翰：《表达自由的法律限度》，侯健译，贵州人民出版社2003年版。

〔3〕［美］米克尔约翰：《表达自由的法律限度》，侯健译，第27页。

法——剥夺的；而第一修正案所说的“言论和出版自由”，是绝对的，即使通过国会的立法也不能剥夺。

米克尔约翰认为，这种不能被剥夺的“言论自由”和美国《联邦宪法》第1条第6款所规定的国会议员的特权是一样的：“参议员和众议员……不得因在各自议院发表的演说或辩论而在任何其他地方受到质问。”米克尔约翰写到：“正是在霍姆斯先生写判决意见期间，国会中一些‘顽固不化的人’正在阻挠威尔逊总统的和平计划，因而不仅极大地危害着国家，而且危害着世界。也许可以说，他们差点导致了第二次世界大战。但是，他们并没有因为这种严重的行为受到审判。他们的言论阻碍了世界和平组织的成立，但是他们的责任并没有受到法律诉讼的追究。理由很明显，如果国会的免责权不是绝对和无条件的，整个代表制自治方案就会落空。同样，根据共同同意，相同的特权也给予了法院中的法官。每一个人都知道，最高法院成员的不同意见书对于多数决定的效果就是一种明显而即刻的危险。然而少数派质疑和持有异议的自由从未受到限制。将来也不会受到限制。”〔1〕

按照这种理论，“在剧院里谎称火警”是一种第

〔1〕［美］米克尔约翰：《表达自由的法律限度》，侯健译，第26-27页。

五修正案“言论自由”，是可以通过法律的正当程序加以削减的；而“在剧院里号召拆剧院”则属于第一修正案“言论自由”，是国会不能通过立法加以削减的。当然，米克尔约翰没有用“在剧院里号召拆剧院”这个比喻；他举的是美国乡镇会议的例子。“人们举行乡镇会议是为了讨论以及在讨论的基础上形成公共政策。例如，是否需要开办一所学校？它应当建在什么地方？谁去做教师？谁去做学生？大家协定，诸如此类的问题应当自由地讨论；讨论结束时以投票的方式作出决定。……会议的最终目的是要投票做出明智的决定。因此……就某些问题做出决定的人必须理解这些问题。他们必须知道他们是就什么问题投票的。这样进一步要求，只要时间允许，所有与问题有关的事实和利益都应当在会议上充分、公平地展示出来。事实上利益的展示必须使人们可以比较不同方案之间的明智和可行。”〔1〕具体到那些“反战”“反征兵”“反美亲俄”的言论，米克尔约翰认为，“如果在战争期间可以在一座公共建筑物中为战争辩护，同样可以在这座建筑物中指责这场战争。如果可以公开地宣扬征兵是道德的和必要的，同样可以公开地抨击它是不道德的和没有必要的。如果可以说美国政治制度优越于英国、

〔1〕［美］米克尔约翰：《表达自由的法律限度》，侯健译，第18页。

俄国或德国的制度，同样可以自由地说英国、俄国或德国的政治制度优越于我们的制度。"〔1〕米克尔约翰把这些言论称为“公言论”。作为政治自治基础的“公言论自由”是绝对的，无论它具有什么明显而即刻的危险，也不应受到限制。

正是基于乡镇会议政治自治的政制模型，米克尔约翰认为霍姆斯不区分“公言论”和“私言论”，只用后果来判断的“明显而即刻的危险”标准是错误的。在1961年的文章《第一修正案绝对论》中，他说，诚然，一个人不能在剧院里谎称火警，但并不能因此禁止任何人在剧院里喊火警；“如果在剧院演出过程中，一个人看见火势将要蔓延，那不光要允许他，甚至他还有义务设法通知其他人，以免恐慌随着这一灾难后果发生。理解言论自由的关键在于区别‘谎言’和‘真实’。"〔2〕在这里，米克尔约翰又给“公言论”加上了“真实的”这一限制条件。〔3〕

基于“公言论”和“私言论”的区分，米克尔

〔1〕［美］米克尔约翰：《表达自由的法律限度》，侯健译，第20页。

〔2〕Alexander Meiklejohn, "The First Amendment Is an Absolute", *The Supreme Court Review* 1961 (January 1, 1961): 245-266.

〔3〕这一点也完全为布伦南所接受，但对第一修正案持绝对主义观点的布莱克则不以为然。William J. Jr Brennan, "The Supreme Court and the Meiklejohn Interpretation of the First Amendment", *Harvard Law Review* 79 (1965-1966): 1.

约翰认为传统普通法中的“诽谤”也要进一步区分。同样的攻击言论，如果目的是为了说明被攻击者并不适合于担任某个政府官职，那就属于公言论，受到第一修正案的绝对保护。“尽管私人诽谤要受立法的制约，政治的或煽动性诽谤则不受立法的制约。”[1] 我们看到，正是米克尔约翰的论证为纽约时报诉沙利文案布伦南法官的判词奠定了理论基础。此案判决后，卡尔文问米克尔约翰的感想，米克尔约翰回答：“这是值得当街跳舞的时刻。”[2] 而布伦南在翌年布朗大学的米克尔约翰讲座中也完全承认了这一点。[3]

米克尔约翰关于言论自由的自治理论在一个关键之处不同于汉密尔顿—麦迪逊的人民共和、保留权利理论。在米克尔约翰看来，美国前十条宪法修正案不应该叫做“权利法案”，而应该叫做“权力和权利法案”。第二修正案到第九修正案保障的是作为被统治者的人民的私人权利，而第一修正案和第

---

〔1〕 William J. Jr Brennan, “The Supreme Court and the Meiklejohn Interpretation of the First Amendment”, *Harvard Law Review* 79 (1965-1966): 1.

〔2〕 Harry Kalven, “The New York Times Case: A Note on ‘The Central Meaning of the First Amendment’”, *The Supreme Court Review* 1964 (January 1, 1964): 191-221.

〔3〕 William J. Jr Brennan, “The Supreme Court and the Meiklejohn Interpretation of the First Amendment”, *Harvard Law Review* 79 (1966 1965): 1.

十修正案保障的则是作为统治者的人民的统治权力。在“权利”的领域，要遵守“法律的正当程序”，而在“统治权力”的领域，“正当程序”则是不相干的。[1] 米克尔约翰反复申明，“言论自由原则并不是源于某种假定的‘自然权利’，而是源于以普选的方式实行自治的需要”。[2]

四、政治言论与文化言论

在米克尔约翰区分“公言论”和“私言论”，第一修正案的绝对性言论自由和第五修正案、第十四修正案的“正当程序”言论自由之后，马上带来的一个问题是，哪些言论才是“公言论”，才享有第一修正案的绝对性保护？

在1948年《言论自由及其与自治的关系》一文中，米克尔约翰特别指出，过去我们认为，“学者的‘研究’无论在哪个方面都在第一修正案的绝对保障之下。但是，在为军事目的或在军队指导下从事

〔1〕 Alexander Meiklejohn，“The First Amendment Is an Absolute”，*The Supreme Court Review* 1961（January 1，1961）：245-266. 第十修正案规定：“宪法未授予合众国、也未禁止各邦行使的权力，由各邦各自保留，或由人民保留。”的确用的是“权力”（power）一词。

〔2〕［美］米克尔约翰：《表达自由的法律限度》，侯健译，第67页。引文稍有改动。

‘原子’或‘细菌’研究的问题上，我们现在可以看到我们的思想是多么马虎和错误。在现在形势下，将这种研究看作是纯粹的为了知识而做的超然研究，是极端愚蠢的”。[1] 对于“商业性广播”，他认为给予其第一修正案保障也是一个“失误”，“就目前的情况来看，广播并不是自由的。它也不值得第一修正案的保障。它并不是在致力于扩大和丰富人们的交流活动，而是致力于赚钱”。“目前的广播活动并不是在培养和促进自治事业所必需的领悟、诚实、忠诚、互信、合理判断等这些品质和能力，相反，它成了腐蚀这些品质和能力的巨大力量。”[2]

然而，到了 1961 年，米克尔约翰却对“公言论”的范围做了很大的扩展，实际上把他在 1948 年所做的限制都取消了。“公言论”既然是自治的言论，那么，“‘投票’的自由，也就是一个自治人对公共政策问题作出判断的正式表达的自由，首先应该得到绝对的保护”。[3] 另外，“还有许多人类交流范围内的思想和表达形式，是选民从中获得知识、智力、对人类价值的感受：这就是做出清醒、客观的判断的能力，这种判断正是投票应该尽最大可能

〔1〕［美］米克尔约翰：《表达自由的法律限度》，侯健译，第 71 页。

〔2〕同上，第 74-75 页。

〔3〕Alexander Meiklejohn, “The First Amendment Is an Absolute”, *The Supreme Court Review* 1961 (January 1, 1961): 245-266.

表达的。这些思想和表达的自由也不应受到伤害”。米克尔约翰列出了四种他认为对公民的政治表达——投票之形成必不可少的东西：包括“教育”活动、“哲学和科学”活动、“文学和艺术”活动，以及“对公共问题进行公共的讨论”。〔1〕

米克尔约翰实际上把公言论的发表场合和公言论的范围都无限扩大了。公言论不仅限于乡镇会议上的发言和投票，还扩展到在报纸上发表言论，在公共场所举行集会，以及阅读一部小说。公言论还包括对代表制政府的批评。米克尔约翰引用他 1953 年在参议院宪法权利委员会所做的证言：

“每个公民都可以被要求，也应当被要求，发誓忠于国家，并实践这种忠诚。他必须同意支持美国宪法。但是他永远不能被要求**信仰**这部宪法。不能用支持或反对某种**信念**来检验他的忠诚。忠诚并不意味着意见一致。每一个美国公民都有宪法权力去赞同或反对立法机关制定的法律、行政机关采取的行为、司法机关作出的判决，以及宪法建立的原则。作为被统治者，我们必须服从这些做法，但是，作为统治者，我们可以同意，也可以不同意这些做法。”〔2〕 这里，米克尔约翰采取了一种康德式的对

〔1〕 Alexander Meiklejohn, “The First Amendment Is an Absolute”, *The Supreme Court Review* 1961 (January 1, 1961): 245-266.

〔2〕 Alexander Meiklejohn, “The First Amendment Is an Absolute”, *The Supreme Court Review* 1961 (January 1, 1961): 245-266.

法律“严格遵守、自由批判”[1]的态度，但是，一旦公民把这种批判通过某种方式表达出来，他是否还受第一修正案的保护，米克尔约翰并没有回答。

五、鲍克：言论与代表制

从这个意义上说，布伦南选择在一个“诽谤”地方警察局长案件中贯彻第一修正案保障自治的“中心含义”，仍然是不充分的。一个政制当然可以牺牲它的官员的名誉，以成就政制的正当性，但问题仍然是一部宪法是否要保护旨在推翻它的言论？

1969年美国最高法院判决的“布兰登伯格诉俄亥俄”[2]一案便涉及这样的情形。本案中，最高法院判定，禁止煽动“犯罪、蓄意破坏、暴力或非法的恐怖主义方法以实现工业或政治改革”的俄亥俄反犯罪辛迪加法，侵犯了一群3K党党徒进行反黑人、反犹太人集会的言论自由权利。保守派法学家鲍克针对此案判决说，煽动暴力推翻政府的言论因为违反代表制政制的原理，而不能被视为政治言论。

---

〔1〕康德：《答复这个问题："什么是启蒙运动"》，载康德：《历史理性批判文集》，何兆武译，商务印书馆1996年版，第22-31页。

〔2〕*Brandenburg v. Ohio*, 395 US 444 (Supreme Court 1969).

“煽动暴力推翻政府的言论设想的是这样的情形，当一群少数不能通过言论和政治行动夺取政府的垄断权力的时候，他们试图通过暴力煽动来达到这样的目的。‘政治言论’必须根据一种麦迪逊式的政治体制来定义，根据这种定义，煽动暴力推翻政府的言论不是‘政治言论’。因为它违反了关于程序的宪政真理，它的目标不是凭借立法多数来得到一个新的政治真理。暴力推翻政府打破了我们的体制关于确定政治真理的前提，而这一前提是保护政治言论的唯一理由。”〔1〕

鲍克所说的麦迪逊式的政治体制就是麦迪逊在《联邦论》第10篇所论述的那种优于直接民主制的“代表制共和制”。〔2〕在鲍克看来，米克尔约翰的言论自由理论，将言论纳入政制的思考框架无疑是正确的。但是，他误解了美国政制的性质。美国政制是代表制共和制而不是直接民主制。代表制共和制在立宪的层面上是自治政制，人民在制宪时刻享有一种绝对的言论自由，但是一旦立宪完成，代表制共和制被确定下来，任何旨在推翻代表制共和制这种麦迪逊式政制的言论，便不再享有绝对的言论

〔1〕 Bork, Robert H., “Neutral Principles and Some First Amendment Problems”, *Indiana Law Journal* 47 (1971): 1.

〔2〕 Bork, Robert H., *The Tempting of America*, Free Press, 1997, pp. 333-335.

自由保护。美国宪法第1条第6款规定“参议员和众议员……不得因在各自议院发表的演说或辩论而在任何其他地方受到质问”，议员之所以享有这种言论免责权，正是因为他们的言论是在各自议院发表的，是符合代表制共和制的。同理，公民也只有在代表制共和制的框架下发表的言论，才享有宪法第一修正案的保护。宪法并不保护那些旨在推翻它的言论，这便是鲍克对这个问题的回答。

从这个意义上讲，美国最高法院2010年对 *Citizens United v. Federal Election Commission*〔1〕一案的判决，根本不值得惊讶。对于此案所涉及的“钱能讲话”（竞选资金受美国宪法第一修正案言论自由条款的保护）这一原则，美国最高法院在1976年的 Buckley v. Valeo〔2〕一案中就已经确立下来了，剩下的只是决定受保护的是个人的钱还是公司的钱，是“软钱”还是“硬钱”。〔3〕在竞选中使用金钱，对自由派来说，是自治或者民主得以实现的体现，对于保

〔1〕 *Citizens United v. Federal Election Commission*, 558 US 310 (Supreme Court 2010).

〔2〕 *Buckley v. Valeo*, 424 US 1 (Supreme Court 1976).

〔3〕 左亦鲁：《钱能讲话？——Citizens United v. Federal Election Commission 案》，载强世功主编：《政治与法律评论》（第一辑），北京大学出版社2011年版。

守派来说，是代表制得以实现的体现。此案反映的，只不过是代表和民主这一现代政治的持续争议中“公民的分裂”。[1]

〔1〕 Post, Robert C., Pamela S. Karlan, Lawrence Lessig, Frank I. Michelman, and Nadia Urbinati, *Citizens Divided: Campaign Finance Reform and the Constitution*, Cambridge, Massachusetts: Harvard University Press, 2014.

后记

读到这里，可能有读者要问“代表制在中国”究竟如何的问题。目前我只能回答，正如《诗经·大雅·文王》中所说的那样：“周虽旧邦，其命维新”，中国是一个历史文化的存在，中国现代政制保留了其历史文化的基因，在代表制问题上，我们并不能像看待美国这个“新造之国”那样看待中国。中国的国家认同，既是政治认同，也是历史文化认同。中国宪法的时间观包括“过去—现在—未来”三个向度，而非如美国宪法那样只包括“现在—未来”两个向度 。这一点决定了，像代表制这样从西方引入的政制要素，在中国并不会像在美国那样发挥奠基性的作用。

值本书出版之际，向多年来关心我的学术的师友们致谢，希望这本小书不至于让你们失望。

赵晓力

2018 年 12 月 26 日于明理楼